O2O 服务组合市场决策与协同管理研究

聂规划 吴 钟 陈冬林 徐尚英 著

電子工業出版社
Publishing House of Electronics Industry
北京 • BEIJING

内 容 简 介

本书针对现有的O2O服务组合市场决策和管理方法单一的问题进行了研究，首先建立了面向多视角的O2O网上服务资源本体模型；然后分析了O2O服务组合资源均衡优化的基本框架，建立了O2O服务组合QoS指标体系，提出了面向协同的O2O服务组合市场决策模型；最后提出了O2O服务组合协同管理方法和O2O服务组合智能推荐方法。本书在推进网络环境下基于本体的O2O服务描述与建模，促进O2O服务组合资源优化与协同管理，满足O2O服务组合个性化智能推荐等方面，具有较强的理论意义和实用价值。

本书可供从事电子商务、管理科学、计算机科研、教学或学习的高、中级人员、研究生，以及相关专业的电子商务工作者阅读参考。

图书在版编目（CIP）数据

O2O服务组合市场决策与协同管理研究/聂规划等著. —北京：电子工业出版社，2014.4
ISBN 978-7-121-22922-0

Ⅰ. ①O… Ⅱ. ①聂… Ⅲ. ①电子商务－研究 Ⅳ. ①F713.36

中国版本图书馆CIP数据核字（2014）第069267号

策划编辑：赵 娜
责任编辑：谭丽莎
印　　刷：北京季蜂印刷有限公司
装　　订：北京季蜂印刷有限公司
出版发行：电子工业出版社
　　　　　北京市海淀区万寿路173信箱　邮编　100036
开　　本：720×1000　1/16　印张：11　字数：211千字
印　　次：2014年4月第1次印刷
定　　价：38.00元

凡所购买电子工业出版社图书有缺损问题，请向购买书店调换。若书店售缺，请与本社发行部联系，联系及邮购电话：（010）88254888。

质量投诉请发邮件至zlts@phei.com.cn，盗版侵权举报请发邮件至dbqq@phei.com.cn。

服务热线：（010）88258888。

作 者 简 介

聂规划

武汉理工大学经济学院教授、博士生导师、电子商务学科带头人，中国管理科学与工程学会常务理事，全国计算机模拟与信息技术学会理事，湖北省电子商务学会副理事长，湖北省系统工程学会理事，武汉市系统工程学会常务理事。专注于语义网、智能服务、个性化推荐和电子商务的研究与实践，以及相关技术咨询和培训工作。

吴钟

武汉理工大学华夏学院经济与管理系副教授，阿里巴巴电子商务师，淘宝大学高校认证讲师，经济学博士。专注于现代服务业、智能服务、知识管理及智能推荐技术的教学、研究与培训工作。

陈冬林

武汉理工大学经济学院教授、管理学博士、博士生导师，电子商务与智能服务研究中心副主任，电子商务系主任，湖北省系统工程学会理事，武汉市系统工程学会常务理事。

曾任职于武汉天喻信息产业股份有限公司，具备丰富的电子商务和电子政务设计、开发经验；是美国伊利诺依大学香槟分校电子商务中心访问学者，专注于现代服务业、语义网、本体论及智能推荐技术。

徐尚英

武汉理工大学产业经济学在读博士，加拿大渥太华大学 Telfer 管理学院访问学生。主要研究智能服务、语义网、知识管理及智能推荐技术。

前　　言

随着网络经济和现代服务业的发展，电子商务从传统的面向商品的 B2B（如阿里巴巴）、C2C（如淘宝网）等模式，发展到面向服务的 O2O（Online to Offline，网上到网下）新模式（如微信服务号、嘀嘀打车和大众点评网）。O2O 服务——这种网上预订服务、网下服务消费的新型电子商务模式让互联网成为网下交易的前台，为服务供应商创造了巨大的商机，也为应用服务的客户带来了便捷和可观利益。O2O 服务组合把众多单个服务组合起来，满足客户对组合服务的个性化需求。现有 O2O 服务组合主要面向客户的网上功能搜索，未能将服务的概念真正引入其中，没有实现网上服务功能和质量与网下服务功能和质量之间的协同与均衡，未能面向客户的多样化需求提供个性化的服务推荐，这也使得 O2O 服务组合无法满足市场决策优化与多边协同管理的要求。

本书在国家自然科学基金项目“基于客户视角的 Web 服务组合优化与协同管理研究”的资助下，借鉴了现有的个性化服务理论、本体论、语义 Web 和协同管理理论研究，从客户、服务供应商和 O2O 服务组合协同主体多视角研究了 O2O 服务组合市场决策与协同管理理论和方法。本书首先对 O2O 服务进行了描述与建模，建立了面向多视角的 O2O 网上服务资源本体模型，研究了 O2O 服务组合资源的关联关系（基于语义的服务组合资源关联、基于规则的 O2O 服务组合资源关联）；然后研究了 O2O 服务组合资源均衡优化的基本框架，建立了 O2O 服务组合 QoS（服务质量）指标体系，提出了面向协同的 O2O 服务组合市场决策模型；最后提出了 O2O 服务组合协同管理方法，研究了 O2O 服务组合智能推荐方法。本研究成果在推进网络环境下基于本体的 O2O 服务描述与建模，促进 O2O 服务组合资源优化与协同管理，满足 O2O 服务组合个性化智能推荐等方面，具有较强的理论意义和实用价值。

本书由聂规划教授主笔，负责全书写作大纲的拟定并总纂定稿。撰写分工如下：第 1～2 章由聂规划教授执笔；第 5～7 章由吴钟副教授执笔；第 3～4 章由陈冬林教授执笔；第 8 章由徐尚英博士执笔。

在本书的撰写过程中，得到了有关院校同行专家和老师们的大力支持与帮助，特别是武汉理工大学和武汉理工大学华夏学院经管系电子商务专业的老师们，他们对本书的撰写提出了许多宝贵的建议，谨此一并致谢。

作　者

目　　录

第 1 章　国内外相关基础理论研究 ……………………………………… 1

1.1　O2O 服务组合国内外研究现状 ……………………………………… 1

1.1.1　O2O 服务组合 ……………………………………… 1

1.1.2　O2O 服务组合优化 ……………………………………… 3

1.1.3　O2O 服务质量 ……………………………………… 5

1.2　O2O 服务组合管理国内外研究现状 ……………………………………… 7

1.2.1　元服务战略决策 ……………………………………… 7

1.2.2　服务组合协同管理 ……………………………………… 8

第 2 章　基础理论 ……………………………………… 10

2.1　O2O 服务描述与建模 ……………………………………… 10

2.1.1　O2O服务属性描述 ……………………………………… 10

2.1.2　O2O服务本体建模 ……………………………………… 11

2.2　面向多视角的 O2O 网上服务资源本体模型 ……………………………………… 13

2.2.1　O2O 网上服务资源本体构建原理 ……………………………………… 13

2.2.2　O2O 服务资源本体概念模型 ……………………………………… 15

2.2.3　O2O 服务资源本体实例 ……………………………………… 16

第 3 章　O2O 服务组合资源的关联关系 ……………………………………… 20

3.1　基于语义的 O2O 服务组合资源关联 ……………………………………… 20

3.1.1　语义 Web 关联技术 ……………………………………… 20

3.1.2　基于概念的语义关联 ……………………………………… 21

3.1.3　基于文本的语义关联 ……………………………………… 22

3.2　基于规则的 O2O 服务组合资源关联 ……………………………………… 23

3.2.1　关联规则挖掘技术 ……………………………………… 23

3.2.2　关联规则的挖掘 ……………………………………… 24

3.2.3 挖掘结果分析 …… 26
第 4 章 面向协同的 O2O 服务组合资源优化 …… 29
4.1 O2O 服务组合资源均衡优化 …… 29
4.1.1 O2O 服务组合资源市场 …… 29
4.1.2 O2O 服务组合资源负载与质量的关系 …… 30
4.1.3 O2O 服务组合价格与资源负载的关系 …… 31
4.1.4 O2O 服务组合资源均衡优化的基本框架 …… 33
4.2 O2O 服务组合价格策略 …… 33
4.2.1 面向客户的 O2O 服务组合价格策略 …… 33
4.2.2 O2O 服务组合价格调整机制 …… 37
4.3 O2O 服务组合价格调整影响结果分析 …… 39
4.3.1 价格调整对服务匹配的影响 …… 39
4.3.2 价格调整对服务组合的影响 …… 44
4.3.3 客户行为调整对服务匹配的影响 …… 46
第 5 章 O2O 服务组合 QoS 指标体系 …… 50
5.1 O2O 服务组合协同主体分析 …… 50
5.1.1 O2O 服务组合协同主体构成 …… 50
5.1.2 O2O 服务组合协同主体关系 …… 51
5.1.3 网络消费者行为 …… 53
5.2 O2O 服务组合 QoS 指标体系映射机制 …… 56
5.2.1 面向客户的 CQoS 指标体系 …… 56
5.2.2 面向供应商的 SQoS 指标体系 …… 61
5.2.3 CQoS 与 SQoS 指标映射机制 …… 62
5.3 O2O 服务组合 QoS 指标体系 …… 63
5.3.1 QoS 指标体系的构建原则 …… 63
5.3.2 指标体系的构建 …… 64
5.3.3 O2O 服务组合关键指标提取 …… 70
5.4 O2O 服务组合 QoS 指标体系综合评价 …… 74
5.4.1 多级动态模糊综合评价模型构建 …… 74

5.4.2 QoS 指标无量纲处理 ········ 76
5.4.3 QoS 指标权重分配 ········ 78
5.4.4 O2O 服务组合 QoS 计算方法 ········ 79

第 6 章 面向协同的 O2O 服务组合市场决策 ········ 83

6.1 服务匹配的基本框架 ········ 83
6.1.1 功能相似度计算 ········ 84
6.1.2 质量相似度计算 ········ 85
6.2 客户选择行为 ········ 86
6.2.1 客户选择行为的 Logit 效用函数 ········ 86
6.2.2 选择设施的概率 ········ 87
6.3 O2O 服务组合市场模型 ········ 88
6.3.1 考虑聚集效应的客户效用函数 ········ 88
6.3.2 考虑市场扩张和侵蚀的决策模型 ········ 90
6.3.3 服务组合的匹配度计算 ········ 92
6.3.4 模型求解 ········ 93
6.4 基于 O2O 服务组合关键 QOS 指标的 WSI 投资组合优化 ········ 95
6.4.1 面向客户的 O2O 服务组合模型分析 ········ 96
6.4.2 WSI 投资组合成本影响因素分析 ········ 98
6.4.3 面向客户的 WSI 投资组合优化模型构建 ········ 100
6.4.4 WSI 投资组合优化模型应用 ········ 104

第 7 章 O2O 服务组合协同管理 ········ 112

7.1 O2O 服务组合与元服务协同管理 ········ 113
7.1.1 服务集成商与元服务供应商协同管理 ········ 113
7.1.2 O2O 服务组合与 Web 元服务协同管理 ········ 115
7.2 O2O 服务组合线上与线下协同管理 ········ 115
7.2.1 线上、线下服务价格协同管理 ········ 116
7.2.2 线上、线下服务质量协同管理 ········ 117
7.2.3 线上、线下服务渠道协同管理 ········ 118
7.2.4 线上、线下服务沟通协同管理 ········ 118

7.3 O2O 服务组合价值网协同管理 …… 119
7.3.1 O2O 服务组合价值网分析 …… 119
7.3.2 基于价值网的 O2O 服务组合协同管理 …… 121
第 8 章 O2O 服务组合智能推荐方法 …… 127
8.1 面向用户均衡需求的个体化 O2O 服务组合智能推荐方法 …… 127
8.1.1 个体化 O2O 服务资源智能推荐模型 …… 127
8.1.2 基于适合度的 O2O 服务资源智能推荐方法 …… 129
8.1.3 基于兴趣度的 O2O 服务资源智能推荐方法 …… 140
8.2 基于社会网络的社区化 O2O 服务资源智能推荐方法 …… 142
8.2.1 O2O 服务用户的社会网络构建 …… 142
8.2.2 基于中心节点的重叠社区动态挖掘 …… 143
8.2.3 基于节点相似性的动态社区发现算法 …… 145
8.2.4 实证分析 …… 147
参考文献 …… 154

第 1 章　国内外相关基础理论研究

1.1　O2O 服务组合国内外研究现状

1.1.1　O2O 服务组合

网络经济的发展促进了现代服务业的与时俱进。无论是在成熟的传统服务行业中的企业，还是迅猛发展的电子商务企业，都开始将线下服务转移为通过线上的各种形式来招揽顾客，消费者也开始享受在网络中在线筛选服务的权利。电子商务由传统的 B2B（Business to Business，企业到企业）、B2C（Business to Consumer，企业到消费者）、C2C（Consumer to Consumer，消费者到消费者）和 B2G（Business to Government，企业到政府）等基本模式发展为 O2O（Online to Offline，网上到网下）等新型模式。为了更好地促进服务供应商实现赢利，越来越多的服务供应商开始考虑如何提供满足消费者群体需求的商品和服务，他们结合网上和网下的优势，充分利用互联网海量信息与海量用户的特点，通过不断挖掘线下资源，实现商家之间的联盟合作，让消费者同时享受优惠的线上价格和贴心的线下服务。随着互联网的发展和电子商务创新产品的层出不穷，更多具有一定消费能力、追求时尚和服务品质的消费者加入到了网民的行列中来，他们不论年长年幼，对网络商品和服务的品类都有着极大的兴趣，他们在成为潜在的网络消费者群体的同时，对网络商品和服务的质量、品质及体验等都存有各自的需求。

随着 O2O 模式的盛行，网下商务的机会与互联网结合在了一起，让互联网成为网下交易的前台，客户往往更关注网上服务（Web 服务）所对应的网下服务的功能属性和质量属性。从技术层面上来讲，Web 服务具有较好的松散耦合性、异构互操作性、封装性及可集成性等特点，并向用户提供海量的网络资源。整个网络中的 Web 服务都是用于定位、发布及调用的各种应用集合。Web 服务有一些潜在的优势，如可重用性，这使得 Web 服务能被重用并可在现有 Web 服务的基础上建立一些增值服务和应用。Web 服务不仅可以提供基本的商务功能，如在线产品目录、在线交易及订单履行等，同时也提供了一系列以客户为导向的活动，如在线帮助、资源配置、定制化服务和安全机制等来增加客户的满意度。然而，随着网络用户数量的不断增长，消费者总是希望找寻到自己最满意的服务和商品，在线市场的目标正是通过了解并满足消费者的需求来实现供应商的在线收益。

尽管 Internet 中可用的 Web 服务数量越来越多，但是单个的 Web 服务已不能向广大用户提供更大限度的功能粒度，许多 Web 元服务（即单个 Web 服务）已不能满足用户的实际需求，因此，有必要将现有的 Web 元服务有效地集成起来，以服务组合的形式呈现在用户面前，构成个性化的组合服务，为用户提供更大粒度的服务，以达到满足不同用户的复杂功能需求。正是因为如此，随着 Web 服务开始从辅助应用（如网上酒店预订）、Web 元服务（如 Amazon、Ebay 和 Google）发展到集成元服务以满足复杂应用的 Web 服务组合（如 Galileo's GDS 提供的旅游服务组合），网络环境下的服务组合供应商也越来越多（如携程旅行网、去哪儿等）。Web 服务组合是把众多功能和形式相对单一的 Web 元服务通过复杂的组合方式集成起来的多功能组合服务。

随着 Web 服务组合与 O2O 模式的同步发展与相互融合，O2O 模式也开始出现由简单的网上服务购买与网下服务消费相结合的电子商务模式发展为 O2O 服务组合的新局面。

通常情况下，一个 O2O 的线上服务组合结构可定义为一个基于多项任务和多种控制结构（顺序、循环、并行、选择）的工作流。四种基本结构并存的旅游计划 O2O 线上服务组合的示意图如图 1-1 所示。由图 1-1 可见，顺序结构中的各项服务按照顺序依次执行；循环结构中的服务被重复执行；并行结构的若干分支相互间不存在依赖关系，同时执行任务；选择结构包含的若干分支中只有一个分支在运行时被执行。所有的 O2O 线上服务组合都是由一种或多种这样的结构组成的工作流。

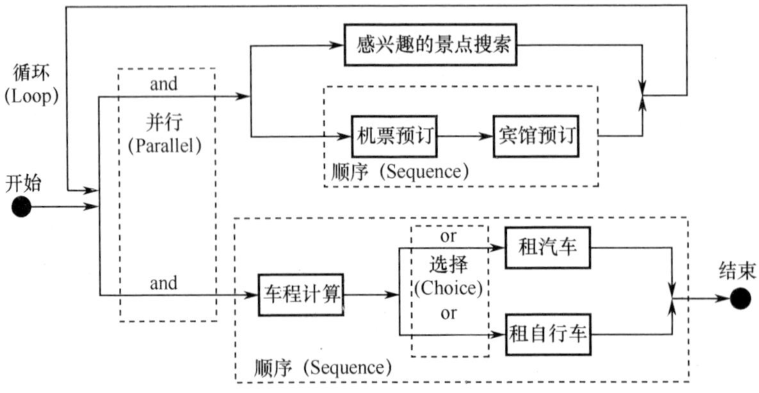

图 1-1　四种基本结构并存的旅游计划 O2O 线上服务组合的示意图

O2O 服务组合可分为 O2O 服务组合技术和 O2O 服务组合管理两个方面。目前，学术界对前者的研究已经相对成熟，而对后者的研究却有待完善。对 O2O 服务组合管理的研究大多都倾向于 QoS（Quality of Service，服务质量）方面，主要解决 O2O 元服务的源优化配置问题。在 O2O 服务组合中，QoS 表示 Web 服务的非功能属性，如响应时间、吞吐量及可靠性等，它不仅与服务本身有关，还与服务所处的网络环境密切相关。由于越来越多的元服务供应商（只提供单个服务的供应商）都能提供具有相同或类似功能的元服务，这些元服务只是在非功能（QoS）属性上表现不同，并且不同用户对 QoS 的喜好也不尽相同，所以 QoS 成为 O2O 服务组合中对元服务选择的重要依据。而网络中的众多元服务则为被集成为满足用户需求的最优 QoS 性能的服务组合提供了更多的备选机会。O2O 服务组合就是从众多 O2O 元服务中选择出那些相对适合的服务，在满足用户要求的同时，最大限度地提高服务整体的实用性。

鉴于 O2O 元服务的特征，O2O 服务组合的复杂性主要体现在以下五个方面：

（1）许多不同的 O2O 元服务都能提供同一功能，它们需要依靠 QoS 水平的不同相互区别对方；

（2）建立组合服务的方法千差万别；

（3）对于一个组合 O2O 服务来讲，会有很多不同的性能需求，如整体响应时间、价格和可用性等；

（4）QoS 值的不确定性，当系统状态随着时间的推移发生改变时，用于做选择依据的 QoS 值和服务供应商自身的 QoS 值将有所不同；

（5）组合服务必须融入网络环境的变化中，如服务的失败和升级等。

1.1.2　O2O 服务组合优化

O2O 服务组合是把网络中可用的 O2O 元服务挑选出来，并进行有效组合的技术，它为网络供应商的实力扩充提供了巨大的发展空间。O2O 服务组合采用基于标准的协议（如 WSDL，SOAP，BPEL 和 UDDI），将不同元服务供应商提供的元服务进行有效的集成，形成一个复合有用的服务，即组合服务。O2O 服务组合用来更好地满足客户对服务的特定需求。目前，已有许多研究集中在 O2O 服务自动组合以应对语法互操作性的方法开发上。然而，在相应的 O2O 服务中，如何能准确地自动解释信息交换的语义互操作性还没有很好地被解决。于是，基于上下文感知的服务组合方法开始被广泛接受，但是这些方法都在不同程度地存在一些诸如只有少数的预定义上下文被支持、只针对特定应用程序、仅涉及上下文属性的数据源等问题。

近年来，O2O 服务组合的应用范围不断扩大，研究学者们从各角度对 O2O 服务组合方法展开了研究，前期研究重点偏向于与 O2O 服务组合功能相关的方面，如现有 O2O 服务的发现与选择、O2O 服务间的信息协作及满足客户功能需求服务的组合等。在能够提供满足客户功能需求的 O2O 服务组合的前提下，O2O 服务组合的质量问题开始更多地被关注。

目前，O2O 服务组合具有代表意义的研究主要表现在服务组合算法和服务组合模型的设计及应用这两个方面。

在服务组合的算法研究方面，何丽等人利用服务社团把服务间的可组合关联全部转变成服务链，设计出了基于服务链的服务组合算法，缩短了服务组合的响应时间。温涛等人在服务组合优化中引入了一种改进离散粒子群算法 MDPSO，该算法虽然比标准 PSO 算法的综合性能更高，但在推广范围方面存在一定局限。曹腾飞等人对遗传算法和蚁群算法进行融合，运用在服务组合的全局最优化问题中，提高了服务组合的执行效率。针对在开发服务组合的搜索系统中常出现的如结果中包括冗余 Web 服务的问题，Kwon 等人提出了一个基于两阶段算法的非冗余线上服务组合搜索系统 NRC，该系统提高了找到非冗余的网上服务的效率。Longchang Zhang 等人提出了一种基于理想解决方案相似性的面向顺序偏好的技术（WSCA_TOPSIS），该算法能更好地支持线上服务组合与异构 QoS 数据及多个决策者。Lifeng Ai 等人提出了一种基于惩罚的遗传算法，用于解决组合服务的划分问题。尽管近几年来 QoS 感知的 O2O 服务组合（QWSC）日渐备受关注，然而这方面的研究有的只考虑了 O2O 服务组合中当地的 QoS 属性，这使得有些 QoS 选择算法的适应性较差。Yuansheng Luo 等人针对线上服务组合优化问题和 HMCOP 算法的多约束最优路径（MCOP）发现问题，提出了一种启发式加强交叉熵算法 HCE，它比 HMCOP 和 CE 两种算法更适应线上服务组合。

在服务组合模型的设计研究方面，史榹等人将线上服务组件看作服务组合的基本单元，设计了一种让服务组合的流程不产生服务器依赖的流程控制器，并提出了一种敏捷服务组合方法模型，提高了服务组合的灵活性。杨年华等人提出了基于 GSCPN（Generalized Stochastic Colored Petri Nets）的服务组合模型，并利用层次化方法降低了模型的复杂性。

虽然当前对 O2O 服务组合的研究已经开始将视线转移到客户的需求上，但是 O2O 服务组合优化在面向客户的研究上存在以下两个方面的问题。

（1）没有考虑 O2O 元服务的 QoS 关联和冲突性。Angus 分析服务组合中的“串行、并行和同步”模认为，最优 QoS 的元服务并不能保证服务组合后的 QoS 为最优，原因是供应商之间的“合作、竞争”状态会直接影响服务组合 QoS。同时，O2O 元服务内存在 QoS 的正关联和负关联（如成本与反应时间及安全性的逆关联），O2O 元服务之间也存在 QoS 的冲突，这些都会导致服务组合后的 QoS 剧减（负相关）。现有研究中的 O2O 服务组合 QoS，大多是通过直接聚合元服务 QoS 得来的，并未对 O2O 元服务 QoS 的关联性和冲突性予以考虑。

（2）优化选择方法单一。单纯采用服务功能或服务质量最优的方法，不能真实反映客户的服务消费需求，客户在对 O2O 服务组合进行衡量后，最终选择的是既能满足其服务功能需求，又能满足其服务质量需求的 O2O 服务组合，如在信誉度较高的网站上预定到价格相对便宜的机票。因此，服务功能与服务质量必须统一纳入考量范围。

1.1.3　O2O 服务质量

目前，人们对网上服务已经从起初的查找和直接使用逐渐转变到如今有目的、有选择的使用，也就是说，对于客户来讲，如何获得满足他们的功能需求的网上服务已经不是根本问题，他们面临的更关键的问题是如何从大量的都能满足其功能需求（如酒店服务、订机票服务等）的服务中选择出最能满足需求的最佳服务。由于不同的客户有不同的喜好和服务质量标准，使得服务质量（QoS）成为判断服务供应商是否能提供满足客户需求服务的重要衡量因素。QoS 主要体现在服务的非功能属性上，如网络等待时间等。目前，关于 QoS 的各类研究正在不断深入，众多研究都围绕着对服务组合的所有 QoS 进行优化并且满足客户的约束条件来进行，如基于 QoS 的服务发现、服务组合及 QoS 的描述与管理等。这也为优化选择网上服务提供了解决方案。

目前，很多对 O2O 服务和 O2O 服务组合方法的研究都基于 QoS 的评价与优化选择。这些研究包括面向服务组合的 QoS 优化选择方法和元服务质量 QoS 定量化评价等方面。前者包含局部优化服务选择和全局优化服务选择两种方法；后者包括灰色评价模型法、模糊定量化、层次分析法 AHP、模糊群决策法和归一化等。

Kuyoro 等人认为 QoS 结合了不同的服务特点和服务属性，如可用性、保密性和响应时间等。Yi sun 等人研究了费用约束 QoS 最优目标的元服务选择方法。Dimitrios 等人通过全局约束和偏好的设定，建立了动态 QoS 查询优化模型，实现了 QoS 指标的多级匹配。Farhad 等人将 QoS 属性分为正向型（如吞吐量和可用性等）和负向型（如服务价格和时间等）两大类，对 QoS 的五个属性——响应时间、延迟时间、吞吐量、可用性和可靠性按照不同方式进行聚合。Quanwang Wu 等人认为图像处理服务的 QoS 指标包括响应时间、可用性、可靠性、分辨率或色深等。

Urjita 等人针对复合服务中的客户需求问题，提出了一种用与客户成本的要求匹配的 QoS 值的服务形成复杂的服务集的方法。Qian Tao 等人提出了一种针对 Web 服务中值得信赖的 QoS 的预测方法。Harshavardhanan 等人针对网上服务的功能相似对网上服务的影响问题，提出了一种 QoS 代理体系结构，以找到最好的网上服务。Haa 等人计算了聚合 QoS 的复杂度，并且在评估这种方法的基础上对计算效率进行了优化、分析和模拟。Abdallah 等人利用神经模糊逻辑应对不精确的 QoS 约束值，提出了一种基于 QoS 的网上服务自动分类方法。Walaa 等人提出了一个基于 QoS 的服务选择算法，该算法能够识别最佳人选语义 Web 服务所要求的服务和客户要求的服务质量标准的描述，为采用数据仓库技术的服务模式选择提供了思路。Xiuzhen Feng 等人采用 FCM 聚类的方法对网上服务资源中的客户 QoS 需求信息与 QoS 信息之间进行了聚类，并对相同的聚类序列进行了相似度计算。Wang 等人引入了一种新的 QoS 测量方法，把服务供应商、客户和历史统计数据加入到了 QoS 测量中。

W.L. Kong 和 Z.Y. Jiang 等人提出了动态的 QoS 属性。J.Q. Hu 等人给出了一个多维的 QoS 模型，但是它难以满足最终客户对每个维度上的真实性进行评估的要求。Ruzhi Xu 等人利用基于整体服务质量信誉的 n 维客户 QoS 模型，同时满足了不同应用程序的个性化需求和更好的客户体验。孔维梁等人在兼顾客户对质量的需求和服务组合整体 QoS 的基础上，在服务组合的流程中加入了客户的质量约束，提出了动态 QoS 模型。胡启平提出了线性化的 QoS 计算模型和支持服务间 QoS 关联的基于最短路径的服务选择方法，解决了局部和全局一致性的问题。冯建周等利用三角模糊数表示 QoS 属性与客户偏好，并通过设计新的模糊数比较方法改写了 Pareto 支配关系，解决了多属性决策方法无法对大量候选服务进行全局优化的问题。

基于上述国内外对 O2O 服务质量层面的研究，主要存在以下四个方面的不足。

（1）QoS 指标体系并未完全统一。不同的研究者对 QoS 指标体系的设定不同；QoS 参数有时也存在子指标；QoS 指标的数量和具体内容未能形成一个大致统一的标准，因此，QoS 指标体系也始终难以统一。

（2）O2O 服务的功能属性与非功能属性仍然存在概念混淆的情况。服务质量 QoS 主要体现在 O2O 服务的非功能属性上，应与功能属性分离开来。

（3）没有实现 O2O 服务的线上 QoS 与线下 QoS 的有效映射。客户选择的线上 O2O 服务需要在线下进行消费，如果线上 QoS 不能与线下 QoS 进行统一考虑和管理，最后可能导致出现网上、网下不协同的局面，对供应商和客户的利益均会造成不好的影响。

（4）不同的 O2O 服务主体对象对 QoS 指标的偏向性不同。尤其是在客户与服务供应商之间，客户比较容易关注诸如“安全性”及“服务性能”等 QoS 指标，而服务供应商则更偏向于关注诸如“稳定性”及“可扩展性”等 QoS 指标。两者在面对同一指标时也可能存在站在各自立场上的不同理解。

1.2　O2O 服务组合管理国内外研究现状

1.2.1　元服务战略决策

Wendy 等人从供应商的角度研究了网上服务价值创造的整合模型，提出了市场领导地位、差异化策略及收入创造这三种 Web 服务供应商战略；Kwon 和 Ranganathan 等人探讨了网上服务供应链管理的方法；Thirumaran 等人研究了网上服务变更管理的动态业务逻辑模型，利用新算法对执行顺序、相似性度量、时间复杂度、映射函数和架构验证 5 个变化因素进行了评价，降低了网上服务变更管理中出现的变更管理问题；Karakoc 等人认为网上服务类似于传统商品，具有可管理性；Junqing Sun 等人着眼于网上服务信任管理的层次结构，探讨了网上服务中的信任与信任管理，提出了网上服务信任管理战略性模型；Zhongju Zhang 等人认为网上服务的边际成本接近为零，而网上服务质量中的延时因素会带来较高的社会成本，因此只对传统的管理理论与方法进行简单借鉴不能有效地实现 Web 服务战略管理。

在服务供应商与服务集成商的决策研究方面，Dimitrios 等人在背包问题算法的基础上提出了多选择背包问题（SMCKP），建立了在服务器最大带宽约束条件下的服务供应商利润最大化的服务供应商决策模型；Zhongju Zhang 和 Zhong Wu 等人研究了双寡头垄断市场结构下的网络服务集成商的价格竞争策略，前者研究了内生模式下网上供应商在网上服务水平和服务价格上的战略选择问题，后者则建立了对称性垄断市场和非对称性垄断市场的利润最大化目标的 WSI 价格决策模型；Jan 等人提出了以服务供应商、元服务和客户为决策变量，网络服务集成商利润最大化为目标函数的多目标线性规划模型（SOA-SIPP 模型），该模型虽然解决了网络服务集成商的投资组合管理问题，但缺乏考虑多个网络服务集成商的竞争因素；除此之外，Kim 等人研究了满足 WSLA（服务等级协议）的网上服务差异化战略。

1.2.2 服务组合协同管理

相对于服务组合技术方面的研究，对服务组合协同管理方面的研究起步较晚。这方面最具代表性的研究成果为 Hsing Kenneth Cheng 教授的相关研究，他将服务组合的类型按照有无网络服务集成商的参与分为两类；Qian Candy Tang 等人考虑了网上服务延迟成本、整合成本和网上服务价格因素，研究了能提供对时间敏感的网上服务组合的网络服务集成商的最优服务定价策略和客户定位策略；Hsing Kenneth Cheng 等人通过比较包括元服务供应商（ISV）、合资企业（JV）和战略联盟（SA）在内的三个应用服务战略，研究了提供具有互补功能的网上服务的问题；Zhong Wu 等人研究了 O2O 服务组合中服务集成商的无差异选择策略；陈冬林等人提出了 O2O 服务组合的网上与网下服务质量体系，并建立了以服务费用为约束条件的 O2O 服务质量集成与服务组合优化模型；陈冬林等人从客户角度出发，构建了 O2O 服务组合模型，并在此基础上对 O2O 服务组合的集成管理进行了研究。

尽管目前国内外在 O2O 服务战略与服务组合管理方面的研究获得了一些成果，但就现有研究而言，仍存在以下三个方面的问题。

（1）对 O2O 服务组合的协同主体缺乏综合考虑，尤其是对客户反馈因素考虑较少。大多已有成果都是站在供应商的角度单方面考虑客户的需求与偏好，没有综合考虑面向客户的服务质量指标体系的建立与协同管理。Sudhir 等人提出客户应该主动参与到服务价格、功能及 QoS 等的确定过程中，而不是被动接受供应商提供的服务；Valentina 提出了一种动态配置网上服务的方法，该方法通过对网络硬件环境中 QoS 指标的预测和反馈来实现，但也忽略了客户反馈等因素。

（2）O2O 服务组合管理方法的选择不能单纯依靠简单借鉴。O2O 网上服务组合的研究对象为网上服务，考虑到网上服务的特殊性，不能简单地将传统的供应链管理理论套用和推广到 O2O 网上服务组合中。

（3）网上服务质量与网下服务间的协同没有真正实现。现有的 O2O 服务组合管理的研究多在传统的模型上加以改进，如价格决策模型及市场选择模型等，未全面地从元服务供应商、集成商及客户角度考虑 O2O 服务组合链价值最大化和网上、网下服务质量协同管理的问题。

第2章 基础理论

2.1 O2O服务描述与建模

2.1.1 O2O服务属性描述

本章研究主要描述了用户在消费前，先行在网上预订，然后在网下消费的过程。而在 Internet 上发现服务的过程就好比是用搜索引擎来实现信息检索的过程，它需要将用户需求的服务信息与服务描述信息进行匹配分析，因此描述服务是整个工作的前提。如何有效地描述服务、合理地发现服务并且适当地选择服务是实现服务资源智能推荐的关键技术。本章对传统的 Web 服务描述进行了扩展，增加了对网上 Web 服务所对应的网下服务的属性描述，并在现有研究基础上，采用了一种 FQoS（服务功能）属性和 QoS（服务质量）属性均衡感知的服务描述、发现和选择机制。其中，FQoS 更多的是用来描述和发现服务，而 QoS 更多的是用来选择服务。

1. 网上服务描述

1）网上服务功能属性

服务的功能属性（FQoS）是明确的，它是对服务资源的功能描述。虽然服务对于用户来说是透明的，但是服务的执行过程却相当于一个黑箱操作，这意味着用户根本无法得知服务究竟是如何准确进行功能操作的。外界唯一能够了解服务的途径便是通过服务的描述及其相关的正式化信息了解，而这些信息所蕴含的逻辑是不可见的，并且与服务请求者无关，因此，从这些可获取的服务描述信息中推断出服务的功能并且从功能上进行服务的匹配在整个服务发现过程中显得尤为重要。

综合现有研究基础，将网上服务的功能属性 FQoS 定义为由服务类型（Service Category）、服务名称（Service Name）、操作名称（Operation Name）、输入/输出数据定义（Data Definition）及服务注释信息（Annotation）构成的指标体系结构。

2）网上服务质量属性

由于 Internet 的不断发展和 Web 服务的扩张渗透，越来越多的服务供应商提供了功能相同或相似的服务，仅仅从服务功能属性上进行考虑已经完全不能满足用户的多层次需求，而且 UDDI 并不能直接支持 Web 服务提供的语义信息，因此，基于服务质量 QoS 的服务发现和选择应运而生。

服务的 QoS 指的是一个能够反映服务所有非功能属性的指标集合，它不仅与服务本身相关，而且与服务所在的网络环境也有着密切的联系。从现有的研究成果来看，网上服务 QoS 指标主要包含服务价格（Price）、响应时间（Duration）、可用性（Availability）、成功率（Successful Rate）、安全性（Security）、服务信誉（Reputation）、服务交互性（Interactivity）及售后服务（After-sale Service）等。

2. 网下服务描述

1）网下服务功能属性

目前关于网下服务功能属性的分类和描述标准比较完善，主要有国际产品分类标准 UNSPSC, eCl@ss, RosettaNet, EGAS, NCS 等。基于现有研究基础，本节中把网下服务功能属性分为两个部分，分别是公有属性和专有属性。

公有属性（Generic Attributes）主要包括服务类型（Service Type）、服务名称（Service Name）、服务描述（Service Description）、服务能力（Service Capability）、供应商名称（Supplier Name）、服务等级（Level）、营业时间（Provision Period）和位置（Address）等。

专有属性（Specific Attributes）则根据服务提供商所处行业及经营服务类型的不同而有所差异。例如，酒店服务的专有属性可以包括早餐供应、宽带上网及会议室等。

2）网下服务质量属性

用户实际的消费过程是在网下，相对网上服务质量而言，用户对网下服务质量的体验更为直观、深刻，因此，网下服务质量是决定用户对整个交易过程是否满意的关键性因素。从现有的研究成果来看，网下服务质量主要包含客户服务（Customer Service）、服务费用合理度（Rationality）、服务与描述符合度（Conformity）及用户忠诚度（Loyalty）等。

2.1.2 O2O 服务本体建模

Web 本体语言 OWL 是 W3C 推荐的本体论描述语言，是一种定义和实例化的“Web 本体”语言。为了分别适用于特定的实现者和用户团体，OWL 提供了三种表达能力依次递增的子语言 OWL Lite、OWL DL 和 OWL Full，其中 OWL Lite 用于提供给那些只需要一个分类层次和简单约束的用户；OWL DL 提供给那些需要最强表达能力的推理系统的用户，并且这个推理系统能够保证计算的完整性和可判定性；OWL Full 则提供给那些需要尽管没有可计算性保证，但有最强的表达能力和完全自由的 RDF 语法的用户。基于 OWL DL 的强表达能力和可操作性，并且考虑到它支持已有的描述逻辑商业处理和具有良好计算性质的推理系统及目前在产品和服务目录本体表述的广泛应用，参照电子目录本体元模型，结合网上 Web 服务和其所对应的网下实体服务的功能和质量属性描述，本节设计的 O2O 服务资源本体元模型如图 2-1 所示。

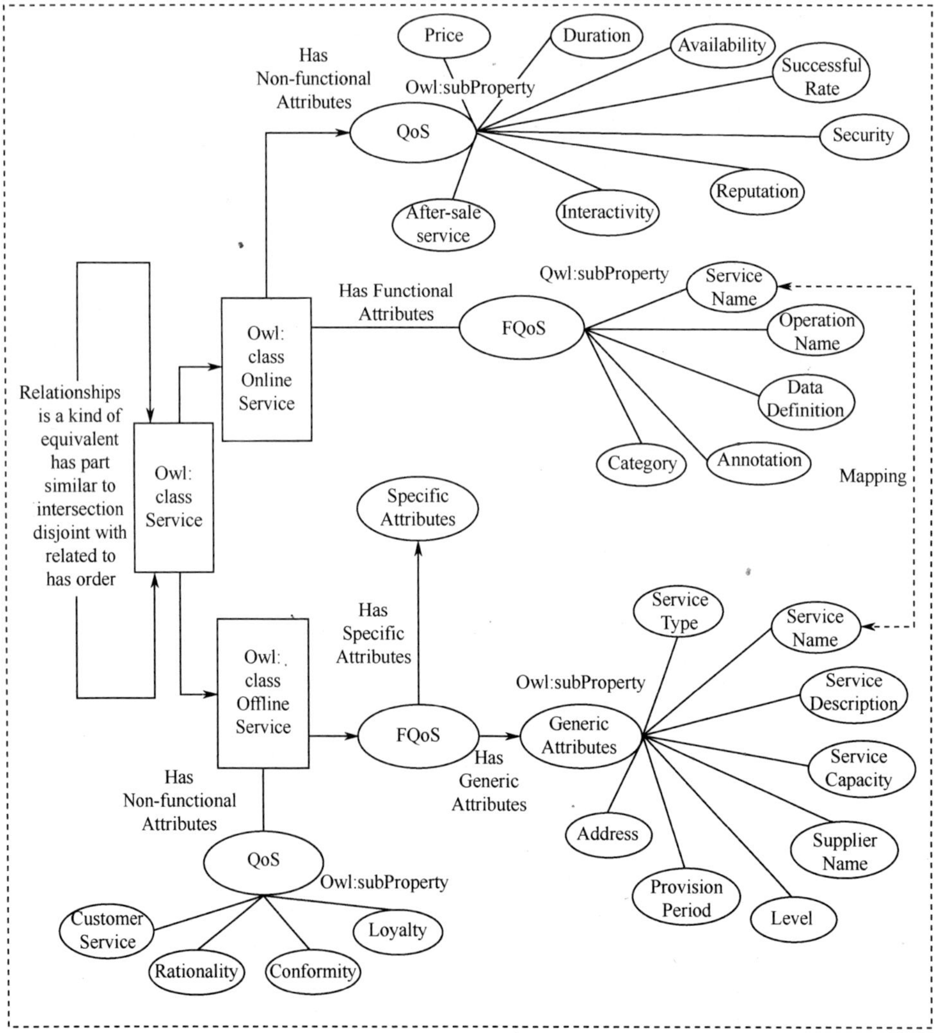

图 2-1　O2O 服务资源本体元模型

2.2 面向多视角的O2O网上服务资源本体模型

2.2.1 O2O网上服务资源本体构建原理

1. 本体建模目标

现有的O2O网上服务本体主要是从供应商角度出发构建的，过分强调了服务提供者所能获得的效益，却忽视了对客户个性化功能需求的考虑。而在实际情况中，往往只有以客户关怀为出发点才能最大限度地利用资源，从而实现O2O网上服务个性化和商业化的协同管理。

以客户和供应商均衡视角为基础构建的多视角O2O网上服务资源本体模型，不再只是简单地采用成本导向结构或专业术语性结构，而更多关注的则是O2O网上服务的功能特征、非功能属性及相关的复杂语义关系和层次结构等。因此，本节提出的面向多视角的O2O网上服务资源本体模型应具备以下要求：

（1）“一站式”了解O2O网上服务的相关内容；

（2）服务属性可比性，即对于具有同样功能的O2O网上服务，不同供应商提供的服务属性不一样；

（3）服务质量可比性，主要指的是O2O网上服务QoS指标之间的比较，客户可以根据自身需求多方面对比优化，从而选择最佳方案；

（4）易用性，通过减少模糊概念和专业术语等方式来保证客户更好地了解Web服务；

（5）能够实现用户偏好驱动下的O2O网上服务及O2O网上服务组合的个性化推荐。

2. 本体层次结构

O2O网上服务资源本体模型的层次结构指的是O2O网上服务资源本体建模过程中用来表示描述对象与被描述对象之间关系的层次。本章采用如图2-2所示的四层架构，分别有O2O网上服务资源本体元模型层、O2O网上服务概念层、

O2O 网上服务质量和服务功能层及 O2O 网上元服务实例层。

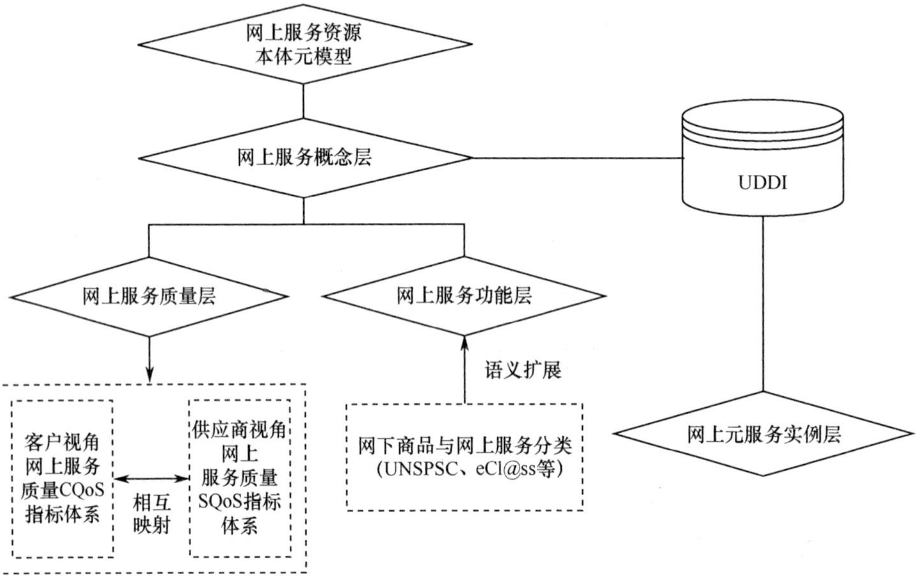

图 2-2 面向多视角的 O2O 网上服务资源的四层本体结构

其中，O2O 网上服务资源本体元模型层是构建 O2O 网上服务资源本体的基础，定义了包括元类、元属性及元关系等在内的元模型语言，抽象程度比较高，能够通用于对所有 O2O 网上服务本体的基本描述；O2O 网上服务概念层主要包括与 O2O 网上服务相关的概念、属性和关系等集合，为上层本体元模型的构建提供了数据源；O2O 网上服务质量和服务功能层主要是以客户视角和供应商视角协同考虑的 QoS 指标体系为 O2O 网上服务的非功能属性，以 UNSPSC、eCl@ss 等分类标准实现的语义扩展为 O2O 网上服务的功能性属性，来全面、均衡地描述 O2O 网上服务；而 O2O 网上元服务实例层描述的则是 O2O 网上服务资源本体模型的实例，即对 O2O 网上服务的概念、属性及关系等建模语言的具体描述，可以通过文本挖掘等技术获得。从图 2-2 中可以发现，O2O 网上服务资源本体元模型是按照自底向上的原则进行构建的，即通过 O2O 网上元服务实例层中的数据抽取，获取 O2O 网上服务概念层及 O2O 网上服务质量和服务功能层中相对应的信息，然后通过对这些数据进行分析来最终实现元模型的建模过程。

2.2.2 O2O服务资源本体概念模型

结合O2O网上服务资源自身的特点及本体的层次结构，将O2O网上服务资源本体概念模型WSO（Web Service Ontology）定义为

O2O网上服务资源本体概念模型WSO=（C，RC，A，RCA，M，I，X）

式中，C表示O2O网上服务资源的概念集合；RC表示Web服务资源概念之间的关系集合；A值是O2O网上服务资源的属性集合，主要有功能属性FQoS和非功能属性QoS集合；RCA表示O2O网上服务资源概念与属性之间的关系集合；M指的是O2O网上服务资源概念与分类标准的映射集合；I表示O2O网上服务资源的实例集合；而X则是公理规范的集合。

下面详细讨论该本体模型中的各个元素集合。

1. O2O网上服务资源概念集（C）及概念之间的语义关系（RC）

O2O网上服务资源的概念主要来自于电子商务网站及线下具体服务，根据网站描述、标准分类体系UNSPSC、eCl@ss等及网下服务和商品的实际关联关系，可将Web服务资源概念间的语义关系定义为以下几种：（1）is a kind of（从属关系），如taking a taxi is a kind of travel method（搭计程车是旅行的一种方式）；（2）equivalent（等同关系），如flight booking和air-tickets booking是等同关系，两者都表示订机票；（3）has part of（整体与部分关系），如travel service has part of flight booking（订机票是旅行服务的一个部分）；（4）similar to（相似关系），如“凤凰旅行”和“乌镇旅行”都属于古镇旅游，因此两者在行程安排等方面具有相似关系；（5）intersection（交互关系），即两者存在部分的重叠关系，如某景区一日游和二日游有重叠的行程；（6）disjoint with（互斥关系），如“需要导游”和“不需要导游”便是属于互相排斥的两种状况；（7）related to（相关关系），如price of tickets related to the flight time（机票的价位与航班时间相关），一般情况下，特价机票都是在凌晨或半夜出发的；（8）has order（先后顺序），如在“武汉—加拿大”的机票预订过程中，只有先选择“武汉—上海”的航班后才能根据相应的时间选

择“上海—加拿大”的机票。

2. O2O 网上服务资源属性集（A）及概念和属性之间的关系集（RCA）

O2O 网上服务资源属性集（A）包括功能性属性集和非功能性属性集。其中功能性属性描述的是关于 O2O 网上服务功能特性方面的属性，而非功能性属性则定义了有关 O2O 网上服务质量方面的属性。

3. O2O 网上服务资源概念与分类标准的映射集（M）

UNSPSC、eCl@ss 等国际分类标准均以不同的方式描述了产品与服务的概念层次，具备较为全面的层次结构。但是由于这些标准在分级结构和内容上各不相同，且缺乏语义互操作能力，所以在构建 O2O 网上服务资源本体时可以参考上述标准的层次结构将相关内容集成起来，从而构建出符合 O2O 网上服务资源概念与分类标准的映射集（M）。同时，为了更好地解决语义异构性问题，本章在 M 中引入了英文语义词典 WordNet，通过 WordNet 中包含的上下位关系、继承关系和整体部分关系等语义关系来获取产品和服务概念的语义层次。

4. O2O 网上服务资源实例集（I）与公理规范集（X）

O2O 网上服务资源实例集（I）指的是 O2O 网上服务资源具体对象的集合，如丽江游便是古镇游的一个 instance，一般实例都是从 O2O 网上的网站数据库中提取得到的；而公理规范集（X）则定义了 O2O 网上服务资源之间的语义规则等规范模式。

2.2.3 O2O 服务资源本体实例

本节在上述 O2O 网上服务元模型的基础上，以 O2O 网上服务下的网络视频服务为例，用 protege 构建了一个实例化的 O2O 网上视频服务本体，如图 2-3～图 2-7 所示。

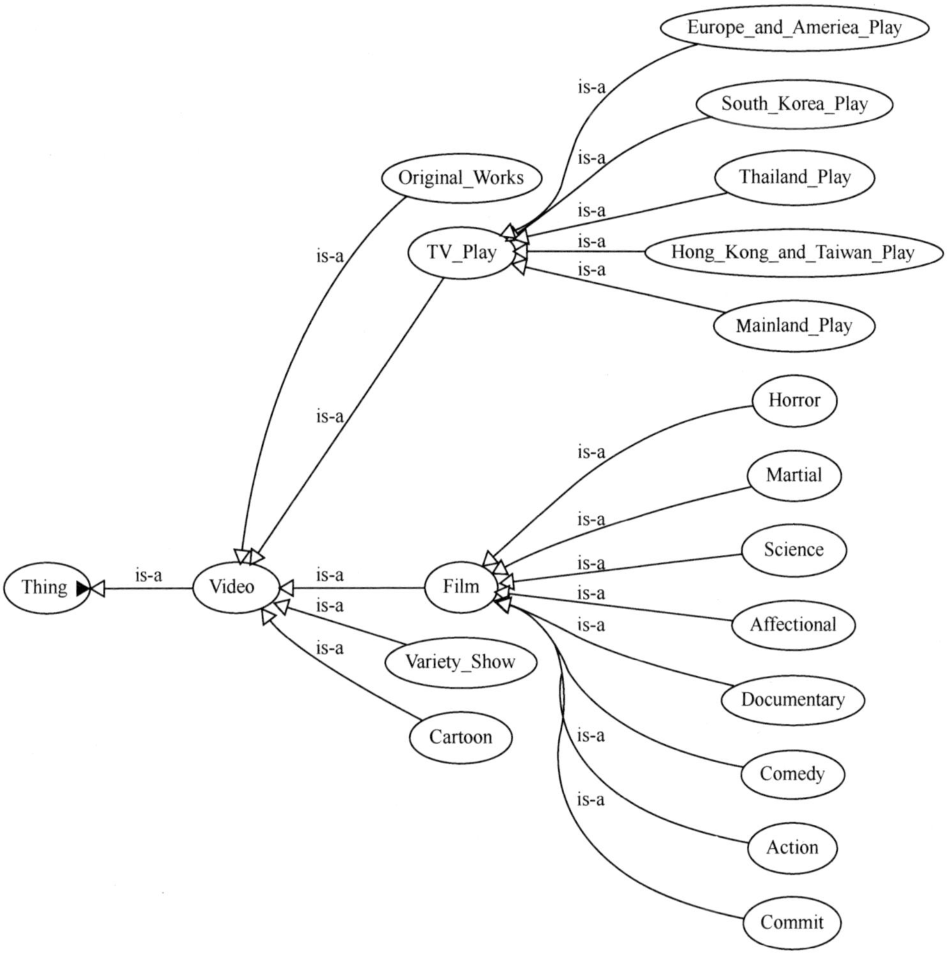

图 2-3　O2O 网上视频服务本体 OWL VIZ 截图 1

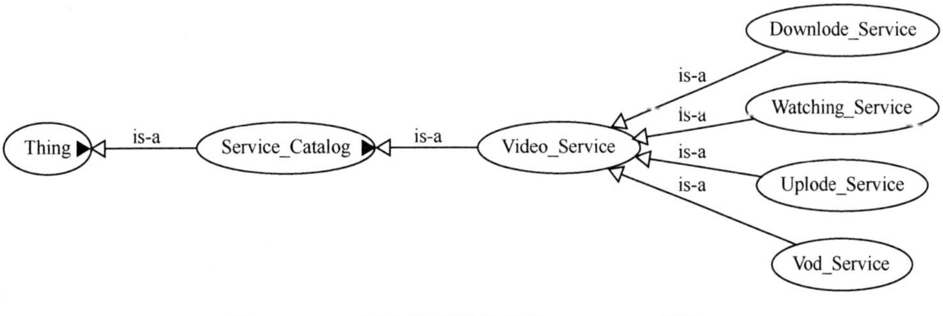

图 2-4　O2O 网上视频服务本体 OWL VIZ 截图 2

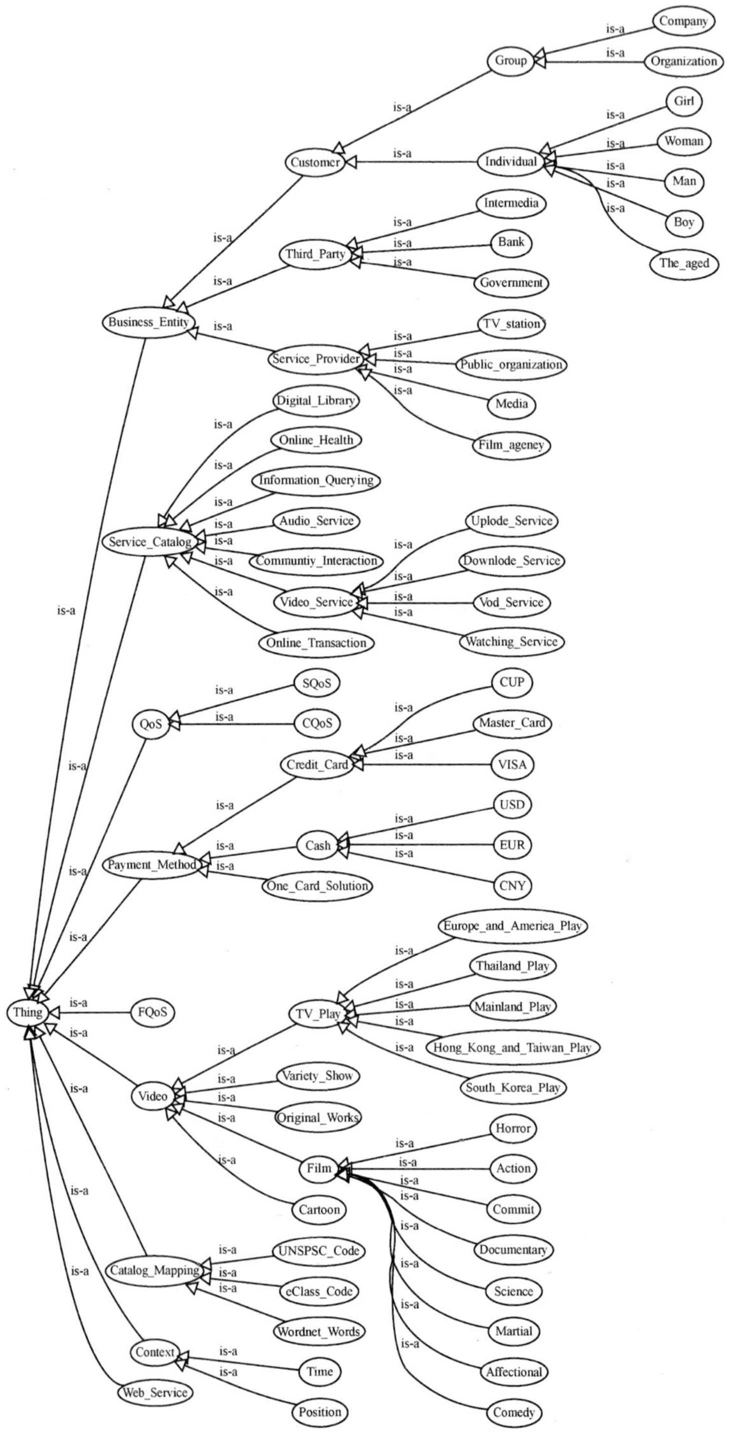

图 2-5　O2O 网上视频服务本体 OWL VIZ 截图 3

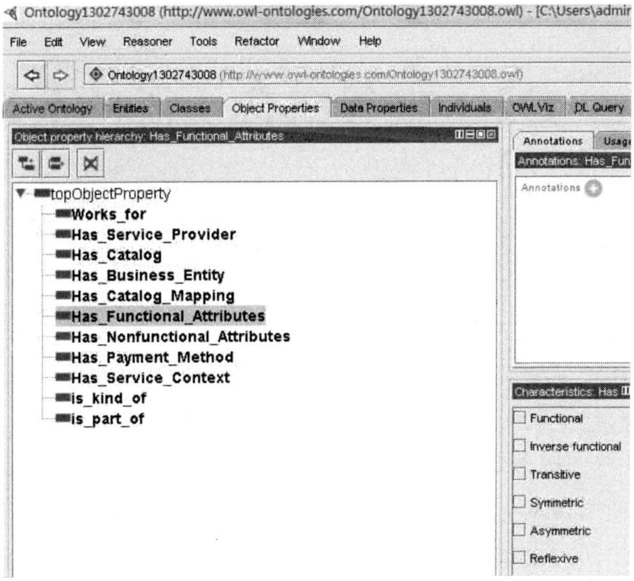

图 2-6 O2O 网上视频服务本体的对象属性截图

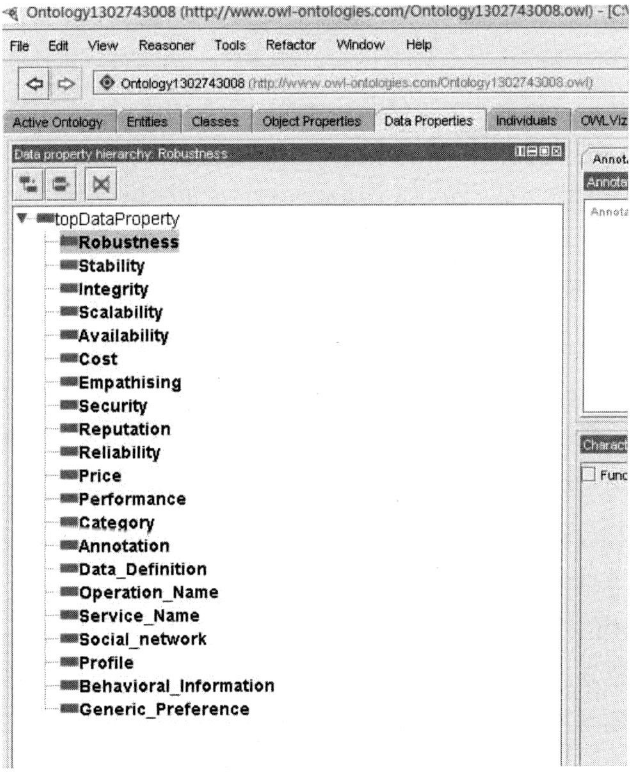

图 2-7 O2O 网上视频服务本体的数据属性截图

第 3 章　O2O 服务组合资源的关联关系

3.1　基于语义的 O2O 服务组合资源关联

3.1.1　语义 Web 关联技术

随着 O2O 网上服务信息资源数量的与日俱增，大量重复信息与垃圾广告不断堆砌。人们在使用搜索引擎查询信息时，即便任何一个简单查询都能够返回数以万计的结果，但却越来越难以获得真正需要的信息。为了提高计算机在自动化信息检索和处理能力等方面的智能化程度，TimBerner-Lee 在 1998 年提出了语义 Web（Semantic Web），旨在使计算机能够理解和处理 Web 信息中丰富的语义，从而达到人机良好协作的目的。语义 Web 的核心技术之一即本体，本体是对真实存在的事物的系统描述，是用以研究实体及实体之间关系的依据，是对关心客观事物的抽象。在语义 Web 的层次中，本体在语义层是提供给数据的交互与传递。语义 Web 逐渐成为一种重要的 O2O 网上服务资源，促进了 Web 服务的自动组合，提供了灵活可靠的客户服务，满足了客户需求。

语义 Web 服务通过使用语义 Web 技术扩充了 O2O 网上服务描述，对 Web 进行了更准确、详细的描述，在语义层促进了 Web 服务的推出、发现和执行。在 O2O 网上服务的发现过程中，语义相似性匹配算法可以识别各种 O2O 网上服务间的匹配程度，并将服务与客户请求描述进行匹配，搜索出更多相关服务，并根据客户的需求与目标选择最优服务。运用语义性关联发现 O2O 网上服务实体间的关联关系，可以提高 O2O 网上服务组合的服务质量，从而更有效地集成相关服务，支持服务间的数据交换。

RDF 数据模型是 W3C 提出的，其目的是描述网上服务资源。RDF 提供了一个框架，通过描述一个实体如何与其他实体发生联系，从而获取这个实体（或资源）的内涵。实体与实体之间的联系可用语义关联来描述，以下列举出三种实体间的语义关联。

（1）ρ-pathAssociated（x，y）。实体 x、y 之间存在一条属性序列（property

sequence），那么 x、y 是 ρ-pathAssociated 关联。

（2）ρ-joinAssociated（x，y）。实体 x、y 分别属于 ps_1、ps_2 两个属性序列，ps_1、ps_2 相交于一个实体 c，a_1、b_1 为 ps_1、ps_2 的起点，a_2、b_2 为 ps_1、ps_2 的终点，如果 $x=a_1$、$y=b_1$ 或 $x=a_2$、$y=b_2$，则 x、y 是 ρ-joinAssociated 关联。

（3）ρ-isoAssociated（x，y）。实体 x、y 分别是 ps_1、ps_2 两个属性序列的起点，如果 ps_1、ps_2 中的属性 P_i、Q_i 均满足 $P_i=Q_i$ 或 $P_i \in Q_i$ 或 $Q_i \in P_i$（∈表示子属性关系），则 x、y 是 ρ-isoAssociated 关联。

在 O2O 网上服务中，功能属性可以分为两类：服务概念（如服务类别、服务名称、操作名称）及文本数据（如数据定义、文本注释）。下面将对每一类服务功能属性进行不同的语义相似性关联性研究。

3.1.2 基于概念的语义关联

在 O2O 网上服务发现过程中，客户以需求为目标，为了便利地查询更多相关服务，会将所有服务的描述在输入、输出等服务功能属性上进行投影映射，主要是通过语义相似度的计算将多个服务与客户的需求进行匹配的。在此过程中，根据语义相似度来计算语义 O2O 网上服务与客户请求之间的相似度，以及多个基本 O2O 网上服务之间的相似度。

概念在知识库中组织成带有语义的同义词集（Synset），并且和其他同义词集有一定关联关系，因此服务功能属性中的服务概念（服务类别、服务名称等）会因为分布在不同 O2O 网上服务中而存在语义相似性（Semantic Similarity）关联。基于概念的语义关联是一种基于信息量共享的计算方法，两个概念之间的相似度取决于其所包含信息量的多少。

以旅游行业服务为例，与旅游项目相关的概念（包括旅行社、旅游团购等）会出现在旅游 O2O 网上服务中，另外一些与旅游相关的服务，如预订旅店、预订景点等也会关联出现在该服务中供客户进行选择。基于概念的语义相似性可以用本体概念树的方法来计算。该方法首先需要构建一棵本体概念树，然后利用两个概念在概念树中的距离（最短路径）和所处深度（层次）来计算两个概念间的相似度，概念相似度的值在 0～1 之间，两个概念间的相似度越高，其值越大。这里采用 Wu and Palmer's 提出的方法来计算概念相似度：

$$\mathrm{SRI}(c_0,c_i)=\frac{2\times \mathrm{depth}(\mathrm{lso}(c_0,c_i))}{\mathrm{len}(c_0,\mathrm{lso}(c_0,c_i))+\mathrm{len}(c_i,\mathrm{lso}(c_0,c_i))+2\times \mathrm{depth}(lso(c_0,c_i))} \quad (3\text{-}1)$$

式中，$\mathrm{SRI}(c_0,c_i)$表示两个概念c_0与c_i之间的语义相似度；$\mathrm{lso}(c_0,c_i)$代表c_0与c_i最近“祖先”的概念；depth（ ）表示层次数；len（ ）为两个概念在本体概念树中的最短路径距离。其意义具体如下。

首先构造一棵旅游服务领域的概念树，如图 3-1 所示。

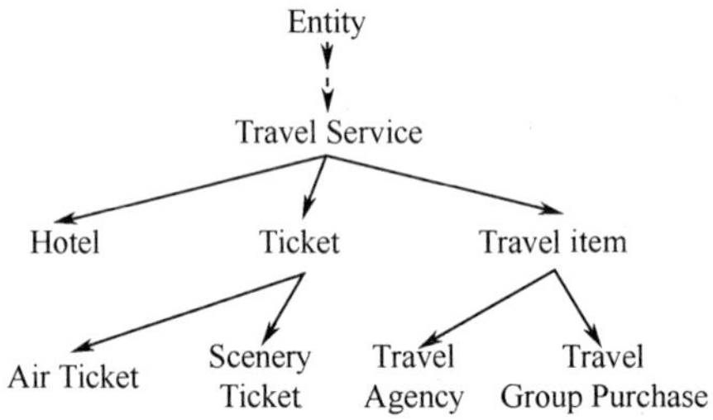

图 3-1 部分旅游服务领域的本体概念树

其次根据式(3-1)计算两个概念间的相似度。旅店(Hotel)与景点门票(Scenery Ticket）到其最近“祖先”Travel Service 的最短路径分别为 1 和 2，假设旅游服务在概念树的第 4 层，则旅店与景点门票的概念相似度为

SRI（Hotel，Scenery Ticket）=

$$\frac{2\times \mathrm{depth}(\text{Travel Service})}{\mathrm{len}(\text{Hotel},\text{Travel Service})+\mathrm{len}(\text{Scenery Ticket},\text{Travel Service})+2\times \mathrm{depth}(\text{Travel Service})}$$

$$=\frac{2\times 4}{1+2+2\times 4}=0.727$$

同理可得旅店与旅游项目之间的相似度为 SRI（Hotel，Travel item）=0.8。可以发现，在旅游行业 O2O 网上服务中，预订旅店与预订旅游项目之间的语义相似性关联，较之其与预订景点之间的关联性更强。通过服务概念之间的语义相似性可以有效反映出 O2O 网上服务之间的关联性，其语义相似性匹配为客户的选择奠定了基础。

3.1.3 基于文本的语义关联

服务功能属性中的文本数据类型（数据定义、文本注释等）包含了大量对 O2O 网上服务信息的文本描述，可以通过语义相似性对这些描述进行捕捉与匹配。文本数据信息又分为两类：结构化的 XML 文档和非结构化文档数据。

结构化的 XML 文档采用结构化的表达，其模式中定义的输入、输出数据可得到结构化匹配。结构化匹配通过接收两个或多个输入 XML 文档，建立它们之间合理的语义映射集。

对于非结构化文档类型，可以采用向量空间模型（VSM）计算语义相似性。由于服务相似性的匹配过程与信息检索、构件检索的过程相类似，所以该方法也用于基于查询问题描述相似性的信息检索。在 VSM 中，文档用 t 维向量表示，其中每个向量元素对应文档中的不同单词，该向量在经过消除停用词、抽取关联词的相同词干并将其合并为同一类词等预处理步骤后构建起来。假设客户请求的关键字为 m，文档集中的一个文档向量可表示为 $d=\{d_{1t}, d_{2t}, \cdots, d_{mt}\}$，向量中的每一项都分配了一个权重，用来反映这一项在整个文档向量中的重要性。权重值是该项出现在文档中的频率比重，表示为文档中所包含的向量（tf）及其逆反向量（idf）的比例。词汇 i 占文档 j 的权重表示为

$$w_{ij} = \mathrm{tf}_{ij} * \mathrm{idf}_i = \mathrm{tf}_{ij} * \log_2\left(\frac{N}{\mathrm{df}_i}\right) \tag{3-2}$$

式中，tf_{ij} 是向量 i 在文档 j 中出现的频率；idf_i 是向量 i 的逆反向量出现的频率；N 是文档集的总数；df_i 文档集包含向量 i 的数量。

文档向量 d 和客户查询向量 q 之间的相似性可以表示为

$$\mathrm{sim}(d,q) = d \cdot q = \sum_{i=1}^{t} W_{id} * W_{iq} \tag{3-3}$$

在式（3-3）中，W_{id} 和 W_{iq} 是向量 i 的权重，语义相似性的值越高表示客户查询向量和检索文档之间的关联性越强。

通过上述相似度计算方法对服务属性的文本信息类型进行语义关联性分析，从而可在 O2O 服务组合的需求分析阶段，以高相似度为 O2O 服务组合标准，挑选出与客户输入的查询请求关联性强的 O2O 服务组合资源，有利于发现最优服务组合。

3.2　基于规则的 O2O 服务组合资源关联

3.2.1　关联规则挖掘技术

关联规则挖掘最早由 Agrawal 等人于 1993 年提出，是数据挖掘中最活跃的研究领域之一。关联规则是描述两个或多个变量之间某种潜在关系的特征规则，其

最初的研究目的是从交易数据库中发现顾客购物的行为规则，即客户购买某些商品时有多大可能倾向购买另外一些商品。挖掘关联规则对于客户行为分析、商品目录设计、追加销售及仓储路线规划等方面很有价值，并且可以挖掘出O2O网上基本服务间的关联关系，为O2O服务组合的制定提供相关规则和依据。下面给出关联规则挖掘的部分定义。

定义 3-1 设 $I=\{i_1,i_2,\cdots,i_m\}$ 是由 m 个不同的项目（item）组成的集合。给定一个事务数据库 D 为交易 T 的集合，其中交易 T 是项目的集合，并且 $T \subseteq I$。每一个交易有对应的唯一标志，如事务标识（tid）。一个关联规则是形如 $X \to Y$ 的蕴含式，这里的 $X \subseteq I, Y \subseteq I$ 并且 $X \cap Y = \varnothing$。X 称为规则的前提，Y 是规则的结果。

定义 3-2 支持度（Support）：项集 X 在事务数据库 D 中的支持度是指 D 中包含 X 的交易个数与 D 中总交易个数之比，即：

$$\text{Support}(X) = \frac{\|\{d \in D \mid X \subseteq d\}\|}{\|D\|} \tag{3-4}$$

定义 3-3 置信度（Confidence）：对形如 $X \to Y$ 的关联规则，定义规则的置信度为事务数据库 D 中既包含 X 也包含 Y 的事务个数与 D 中包含 X 的事务个数之比，或者说是项集 $X \cup Y$ 的支持度与 X 的支持度之比，即：

$$\text{Confidence}(X \to Y) = \frac{\text{Support}(X \cup Y)}{\text{Support}(X)} \tag{3-5}$$

Agrawal 等人提出的金典关联规则挖掘算法 Apriori 分为两步：

（1）通过客户指定的最小支持度和最小置信度挖掘出所有的频繁项集，其中频繁项集指支持度不小于客户定义的最小支持度的项集；

（2）根据挖掘得到的频繁项集产生代表客户行为的关联规则。因此，挖掘关联规则的问题等价于产生支持度和可信度分别大于客户给定的最小支持度和最小可信度的关联规则。

3.2.2 关联规则的挖掘

本节以旅游行业服务为例，进行服务资源关联规则的挖掘实验。首先对2013年全年旅游行业的客户在线预订情况进行信息统计与分析，统计出在线预订旅游服务的客户人数分布。在统计结果中，预订机票占1160.5万人，预订酒店占1273.3

万人、预订景点门票占112.8万人、预订旅行社占118.2万人、预订旅游团购85.3万人。然后根据经常被客户一起预订的服务项目的组合情况，建立样本数据Dsample，如表3-1所示，其中Dsample的全集I={机票，酒店，景点，旅行社，旅游团购}。

表3-1 样本数据Dsample

事务	事务标识（tid）	项 目
t_1	1	机票、酒店
t_2	2	机票、酒店、景点
t_3	3	机票、旅行社
t_4	4	机票、旅游团购
t_5	5	机票、景点
t_6	6	机票、酒店、旅游团购
t_7	7	机票、酒店、旅游团购、景点
t_8	8	酒店、旅游团购
t_9	9	酒店、景点
t_{10}	10	酒店、旅游团购、景点

采用MATLAB软件作为关联挖掘工具，将全集中的项目按照表3-1的格式排列，每个事务以在线预订人数作为数据输入，将客户最小支持度和最小置信度分别设置为10%和60%，经过0.4385s后，挖掘得到如图3-2所示的9条关联规则。

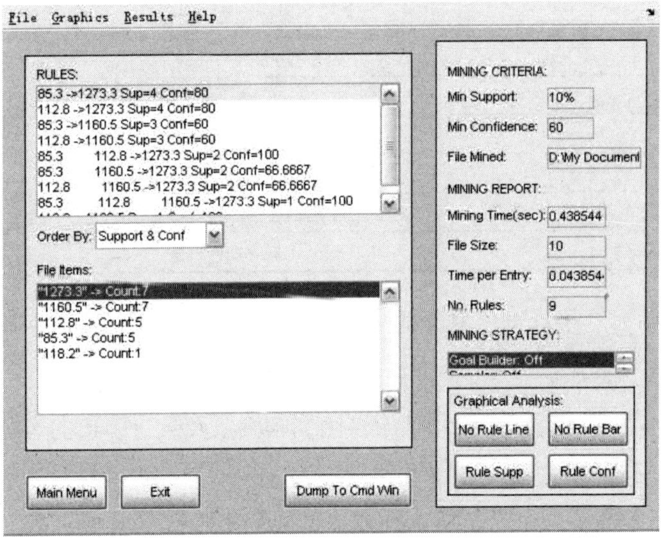

图3-2 旅游服务关联规则挖掘结果图

3.2.3 挖掘结果分析

置信度和支持度是衡量关联规则的两个常用的客观评价指标，这两个指标分别反映出规则的实用性和有效性。Apriori 算法的目的是找出满足最小可信度阈值和最小置信度阈值的强关联规则。图 3-2 所示的关联规则挖掘结果图可分为两部分，左半部分是挖掘得到的所有关联规则和规则前项或后项出现的次数统计；右半部分是本次挖掘的相关评价指标，包括最小支持度（Min Support）、最小置信度（Min confidence）、挖掘时间（Mining Time）及事务数量（File Size）等。

在图 3-2 左上部分的关联规则中，显示了每一条规则的内容及其支持度和置信度，如规则 1：85.3→1273.3 Sup=4 Conf=80，其中 85.3 代表旅游团购服务，1273.3 代表预定酒店服务，其支持度为 40%，置信度为 80%，整条规则表示选择了旅游团购服务的客户极有可能选择预定酒店服务。此条规则将旅游行业中的旅游团购服务和预定酒店服务进行了紧密关联。将图 3-2 中的规则用项目的形式表示，如表 3-2 所示。

表 3-2 旅游服务关联规则挖掘结果表

规则 1	旅游团购→酒店
规则 2	景点→酒店
规则 3	旅游团购→机票
规则 4	景点→机票
规则 5	旅游团购∧景点∧机票→酒店
规则 6	旅游团购∧机票→酒店
规则 7	景点∧机票→酒店
规则 8	旅游团购∧景点∧机票→酒店
规则 9	旅行社→机票

表 3-2 描述了 O2O 网上基本服务之间的关联关系，如规则 1：旅游团购→酒店，表示在线预订旅游团购的客户往往也会在线预订酒店；规则 5：旅游团购∧景点∧机票→酒店，表示在线预订旅游团购、机票及景点门票的客户也会预订酒店。其他规则以此类推。

图 3-2 左下部分显示了规则前项或后项的出现次数，如第一条：“1273.3”→Count:7，表示“酒店”在整个规则的前项或后项中共出现了 7 次，即“酒店”是

在整个关联规则中出现频率最高的规则前项或后项，表示预定酒店服务在整个 O2O 网上服务中所占权重最大，与其他基本服务之间的关联性最强。

本次关联规则是按照支持度和置信度两者的综合指标由高到低进行的排序，支持度和置信度均较大的规则排列得更加靠前。当然，关联规则也可以采用其他指标进行排序，如根据规则的长度、提升度、规则前项或后项的优先级进行排序，在排序后可以删除对分类结果没有影响的规则。

该实验中两个基本服务间的统计关联关系度可以用式（3-6）来计算：

$$\mathrm{QoS}_{\mathrm{StR}}(\mathrm{WS}_i,\mathrm{WS}_j)=\frac{2}{1+\mathrm{e}^{-r}} \tag{3-6}$$

式中，$\mathrm{QoS}_{\mathrm{StR}}$ 表示两个基本服务间的统计关联度；WS_i 和 WS_j 表示两个基本服务；r 表示服务 WS_i 和 WS_j 在挖掘实验中绑定执行的次数，r 的值与 $\mathrm{QoS}_{\mathrm{StR}}$ 的值成正比。例如，预订景点与预订酒店这两个基本服务，在挖掘得到的规则的前项或后项中共计绑定出现了 4 次，则 $\mathrm{QoS}_{\mathrm{StR}}$（景点，酒店）=2/（1+$\mathrm{e}^{-4}$）=1.96。又如，预订旅游团购与预订酒店的服务在所有规则的前后项中绑定出现了 3 次，则 $\mathrm{QoS}_{\mathrm{StR}}$（旅游团购，酒店）=2/（1+$\mathrm{e}^{-3}$）=1.91，由此可以看出，预订景点和预订酒店的关联度相较于后者更高。

由以上分析得出，基本服务之间的关联关系会影响服务组合的执行效率，同时该关系也是衡量服务组合质量的重要指标。许多客户在服务预订过程中往往遗漏了某些项目，此时可以根据关联规则进行智能化推荐。例如，按照规则 2，可以为只预订了景点门票的客户进行预订酒店的服务推荐；按照规则 8，可以为在线预定了旅游团购、景点门票及机票的客户推荐酒店预订。与此同时，由于各个项目所占的权重不同，所以也可以将权重考虑在 O2O 网上服务组合的制定中，权重大的项目可以被优先推荐。根据这些关联为客户进行相关 O2O 网上服务组合的推荐，可以为客户提供更有保障的组合服务。

另外，对于 O2O 网上服务资源关联关系的挖掘，主要表现在挖掘 O2O 网上服务资源间的关联性和客户间的关联性两个方面。下面从多维和多层次的角度对 O2O 网上服务资源与客户之间进行关联关系分析。

1. O2O 网上服务资源关联分析

根据不同客户对不同层次 O2O 网上服务资源的访问事务可以发现不同类型及不同层次的 O2O 网上服务资源之间的客户访问规则。挖掘所得规则如下。

规则 1：Access（X，A）$\Rightarrow$ Access（X，B）

规则 2：Access（X，A）$\cap$ Economy Level（X，D）$\Rightarrow$ Access（X，C）

规则 3：Access（X，A）$\Rightarrow$ Access（Y，B）

其中，X，Y 代表客户访问事务的动作及层次；A、B、C 代表客户所访问资源的类型；D 代表客户的经济水平。

规则 1 属于简单的布尔关联规则，表示访问了 A 类服务资源（如“机票信息”）的客户也有可能访问 B 类服务资源（如“酒店信息”）。

规则 2 属于多维关联规则，表示访问了 A 类服务资源，并且具有 D 等级的经济水平的客户也会访问 C 类服务资源。例如，访问（X，“酒店预订”）$\cap$经济水平（X，“富裕”）$\Rightarrow$ 访问（X，“旅游团购”）。

规则 3 属于多层次规则关联，表示访问了 A 类资源的客户可能访问不同层次的 B 类资源。例如，访问（X，“旅游攻略信息”）$\Rightarrow$ 访问（X，“旅行社信息”）。

以上几种关联规则从客户访问资源的角度，反映了客户对服务资源的访问关联，同时进行了多层次和多维的组合，以便于发现 O2O 网上服务资源之间的关联关系。

2. 客户关联分析

在不同类型的 O2O 网上服务资源被客户访问的过程中，可以发现客户与客户之间的关联关系，从而发现某一客户群的特征，以便于进行客户群体的划分。从多维事务中挖掘可得到以下关联规则。

规则 1：Access（X，A）$\Rightarrow$ Access（X，B）

规则 2：Access（X，A）$\cap$ Class（X，Y）$\Rightarrow$ Access（X，C）

在上述规则中，A、B 表示客户集合；X 表示 Web 服务资源；Y 表示资源类型。

规则 1 表示资源 X 被 A 客户访问，也会被客户 B 访问。例如，访问（打折机票，在校学生）$\Rightarrow$ 访问（打折机票，旅游爱好者），这类规则说明 A 客户和 B 客户有着相似的行为特征。

规则 2 则属于多维关联规则的挖掘，表示服务资源被 A 类客户访问并且资源类型属于 Y 类型，则该资源也会被 C 类客户访问到。

上述挖掘规则可以为划分客户群体提供有效依据，从而对其进行不同层次的个性化需求推荐奠定基础。

第 4 章 面向协同的 O2O 服务组合资源优化

4.1 O2O 服务组合资源均衡优化

4.1.1 O2O 服务组合资源市场

市场环境下的 O2O 服务组合资源价格主要由供求状况决定，对 O2O 服务组合资源需求的增加和减少都会引起价格的变化。因此，对 O2O 服务组合资源配置优化问题的研究要建立在市场理论及供求关系理论等经济学理论的基础上。

O2O 服务组合价格调整的作用主要体现在以下两个方面。

（1）价格机制是一种影响资源分配的重要因素。虽然它不是直接为客户的服务请求分配服务资源，但是价格信号限制了那些对资源的感知价格低于当前价格的客户获取服务，从而将服务资源分配给感知价值或支付意愿高的客户。

（2）价格信号可以用来调整客户的服务请求。价格的适当调整可以引导客户的服务需求，甚至可以引导不同客户群体改变对服务的请求规律，这对服务资源的负载均衡至关重要。

在本节进行的 O2O 服务组合资源管理研究中，将 O2O 服务组合资源当成商品，将资源的管理和配置过程视为商品的市场交易过程。因此，本节首先考虑的是 O2O 服务组合资源市场模型的建立，然后在其基础上分析服务资源配置的原理和机制。

O2O 服务组合资源市场的配置行为体现为基于市场机制的价格杠杆调节和控制资源的合理化分配。将服务中的资源作为商品，资源拥有者作为商品的卖方，资源使用者作为商品的买方，则可建立服务资源市场，如图 4-1 所示。

由图 4-1 可以看到，服务提供商在资源信息平台的支持下，将自身可提供的服务资源在资源市场上进行注册，并发布使用资源的合理价格，完成服务交易和实现服务过程，最终获取经济收益。

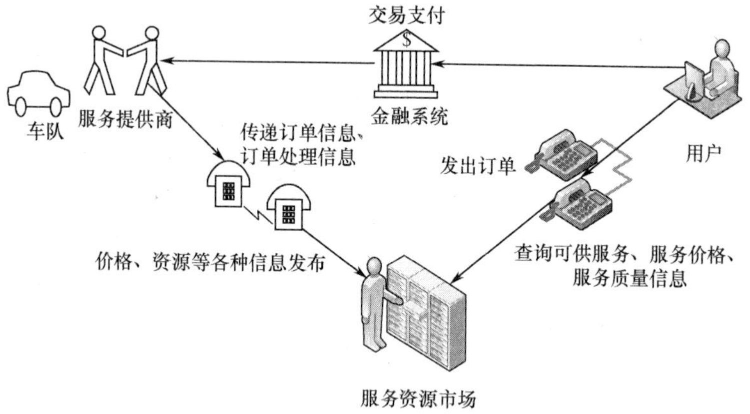

图 4-1　服务资源市场

用户在服务信息平台的支持下，提交服务需求信息和个人的服务偏好。市场管理者获取信息后，对需求信息进行分析，将其映射到实际服务资源列表中。用户从资源列表获取价格信息，从而找到满足其支付意愿价格要求的服务资源。

作为市场交易中的个体，服务提供商和用户都以最大化自身利益为目的，体现的是其自私性。但服务资源市场的目标是使整个服务资源的配置尽量达到全局优化。优化整个服务资源的配置需要着重考虑以下两个问题：

（1）O2O 服务组合资源负载与质量的关系；

（2）O2O 服务组合价格与资源负载的关系。

4.1.2　O2O 服务组合资源负载与质量的关系

O2O 组合服务的差异形成有多方面的因素。以酒店服务为例，天气、节假日和交通条件等的变化都是酒店价格波动的重要影响因素。季节的变化带来天气的适宜度的变化，进一步会造成酒店所在地区的人流量的变化，如在冬季，全国其他地区都处于严寒的天气，而三亚独有的热带天气使其成为人们追逐的目标，从而使得人流量大增；在盛夏季节，三亚由于气温过高，反而无人问津。另外，节假日、交通甚至一些大型运动会或其他活动等都会造成对酒店服务要求在数量上的较大变化。很多酒店服务企业在不同时间段的服务资源占用是截然不同的，即可能会出现旺季设施过载、淡季设施闲置的情况。

由此可见，服务组合的供需矛盾，特别是服务供需的结构性矛盾一时难以缓解，如客户对服务的需求和服务的提供在时间、地点、等级及类别上的差别是比较明显的。

但在市场经济环境下，只有尽量保证客户的服务质量需求，服务提供商才能获得较高的收益。保证客户服务质量的关键是对当前服务资源负载进行约束，一方面抑制客户对某些服务过度的服务请求，另一方面激励客户对某些请求不足的服务发起请求。

假设接收到一个客户对服务 ws_{ij} 的请求 l，则服务 ws_{ij} 上可能的服务负载 h_{ij} 就是现有负载 x_{ij} 加上新请求的负载 l，即

$$h_{ij} = x_{ij} + l \tag{4-1}$$

假定每个候选服务 ws_{ij} 的最优负载量区间为 $[B_{ij}, U_{ij}]$（$i = 1,\cdots,n, j = 1,\cdots,m$），服务上负载的变化会引起服务质量的变化，如服务质量随负载的变化曲线如图 4-2 所示。

由图 4-2 可知：当服务节点的负载小于优化区间的下限值，即 $h_{ij} < B_{ij}$ 时，服务质量的变化函数为 $f_B(h_{ij})$；当服务节点的负载处于最优负载区间，即 $B_{ij} \leqslant h_{ij} < U_{ij}$ 时，服务质量的变化函数为 $f_M(h_{ij})$；当服务节点的负载大于最优负载区间上限值，即 $h_{ij} \geqslant U_{ij}$ 时，服务质量的变化函数为 $f_U(h_{ij})$。

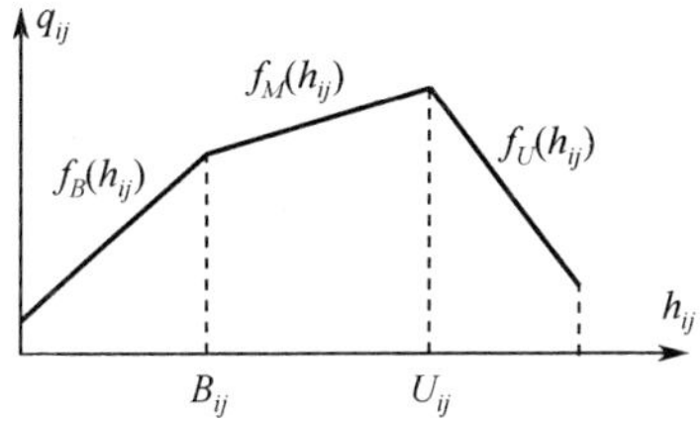

图 4-2　服务质量随负载的变化曲线

4.1.3　O2O 服务组合价格与资源负载的关系

近年来，一些国外研究者开始尝试在网络资源管理和交通领域资源管理的研究中引入微观经济学的研究方法。他们将网络服务或交通服务看作传统的商品，借鉴已有的供需理论等相关经济学原理，把“系统最优”和“最优收费”的概念扩展到经济学和行为科学的概念上，用来研究网络资源和交通领域资源的管理问题。

例如，Smart Market 价格机制就是在每个数据包分组中设置“意愿价格”，表示客户为获得带宽资源愿意支付的价格。同时在每个路由器处设置了一个随网络

状况动态变化的标准值，当分组的“意愿价格”大于经过的路由器的标准值时，分组按市场价格付费并被成功传送，反之则被抛弃。除此之外，MacKic-Mason 和 Varian 提出了将拍卖机制引入资源的调度过程中的想法；Shenker 也提出了一个基于一体化服务的重要模型；Dafermos 确定了当路网上存在多种客户情况下的收费机制，并分别制定了基于路段和路径拥挤的收费模式；Yang 使用考虑排队的弹性交通网络均衡模型处理道路通行能力限制时的道路收费问题，并声称一个有效的收费方案至少应该能保证消除网络上由于溢流而产生的排队现象。

以上研究均将价格机制引入了资源的分配中，利用价格的波动来反映服务资源的稀缺程度，并激励客户做出正确的资源决策、均衡网络资源、维持网络的效率。本节考虑将网络管理中的价格机制应用到 Web 服务及 Web 服务扩展领域。

设服务的价格为 p，客户 i 消费的服务为 x_i，用效用函数 $u_i(x_i)$ 来刻画消费者对服务的满意程度，它有如下两个性质：（1）$u_i(x_i)$ 是单调增加的；（2）$u_i(x_i)$ 是凹的。客户作为理性的经济人，其目的是最大化自己的消费盈余，因而其对服务的最优需求量为

$$\max_{x_i}\{u_i(x_i)-p_i x_i\},\quad x_i>0 \tag{4-2}$$

在充分竞争的市场环境中，客户 i 的效用 $u_{si}(x_i)$ 必然会受到其他客户所请求服务量的影响，这样客户 i 的满意度变为

$$u_{si}(x_i)=u_i(x_i,y)-p_i x_{i,}\quad i=1,2,3,\cdots,n，\ 且满足\ x_i>0 \tag{4-3}$$

式中，$y=x/M$，x 为所有客户使用服务资源的总量，M 为服务资源提供商所提供的资源的总量，则 y 表示服务系统的资源利用率。资源利用率 y 升高，将导致服务系统中的负荷加剧，造成服务 QoS 下降。特别是 y 超过特定阈值时，服务 QoS 将急剧恶化，如旅游景点接待的游客超过最优接待量，游客所感知的服务质量将急剧降低；在达到或超过特定阈值之前，y 增大对 QoS 的影响可以忽略不计。通过价格机制的调节可以提高服务资源的价格门限。

由效用函数的性质可知，$x_i(p)$ 是减函数，因而客户的总需求量 $\sum_i x_i(p)$ 是价格 p 的减函数，这也反映了价格对需求的反作用。服务组合的目的是最优化服务资源的利用率。设服务最优负载上限为 U，服务最优负载下限为 B，则：

$$B\leqslant\sum_i x_i(p)\leqslant U \tag{4-4}$$

联立求解式（4-2）与式（4-4），可以求得最优价格 $\overline{p}$。虽然价格的自适应调整将收敛于均衡价格 p_0，但服务市场是一个复杂的分布系统，每个客户的效用函

数（即支付意愿）和对 QoS 的偏好是独立而且动态变化的，因此客户需求的动态变化将导致对应的最优价格也动态变化。

4.1.4　O2O 服务组合资源均衡优化的基本框架

基于上述内容，本节提出了 O2O 服务组合资源均衡优化的基本框架，该框架利用价格机制中价格随供求关系而波动，同时又反过来影响客户需求的原理，均衡服务资源负载，从而可提升整体的客户满意度，如图 4-3 所示。

由图可知：

（1）服务提供商根据服务资源的负载状况对价格进行调整，并发布到信息发布平台；

（2）客户通过信息发布平台查询服务信息；

（3）客户对服务提供商提出服务请求、服务 QoS 偏好等信息；

（4）服务提供商根据客户请求信息查找符合要求的服务，并将其加入相应队列。

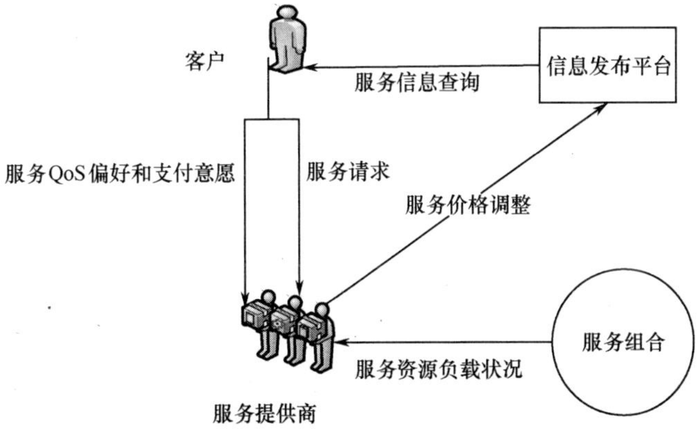

图 4-3　O2O 服务组合资源均衡优化的基本框架

4.2　O2O 服务组合价格策略

4.2.1　面向客户的 O2O 服务组合价格策略

O2O 服务组合资源的优化配置可以通过调整价格来完成，下面将利用价格杠杆，面对不同偏好的客户提出不同的价格策略，以完成服务资源市场的优化。

当客户提出服务请求时，服务提供商采用什么样的手段来筛选满足客户服务要求的服务，并对每一种特定类型的服务提供 QoS 保证是目前服务发现和选择急需解决的问题。利用价格杠杆保证 QoS 是目前比较常见的办法。例如，服务提供商对质量高的服务制定相对较高的价格，对普通质量的服务则制定相对较低的价格。同时，制定计费价格时还需要考虑服务资源的占用率，在旺季或使用高峰时，要采用相对高的价格来抑制资源过度负载，而在服务资源处于淡季时，则可以通过降低价格来提高服务资源的利用率。这样既可以保证服务资源 QoS 要求，也能最大化服务提供商的收益水平。

由于客户对服务组合价格和服务质量的态度不同，所以价格杠杆所起到的作用差别很大。在接收到客户的请求后，可以根据客户的不同类别，将其请求分配到不同的队列，执行不同的选择算法。根据客户对价格和服务质量的敏感程度不同，可以将客户群分为两种比较典型的类型。

1. 质量敏感类型

对于这类对质量敏感而对价格不敏感的客户，可将质量作为硬约束，价格作为偏好。例如，某客户订酒店，要求距离公交站 300m 以内（即交通方便），价格尽量低：

```
Select 酒店
Where 距离公交站距离<=300
Preference（Lowest（Price））
```

在满足交通方便这一 QoS 约束的服务范围内，就价格进行排序，选择满意度最高的服务。

由于这一类客户对价格不敏感，所以可以建立动态 QoS 价格模型，该模型根据服务的资源占用情况来调整服务价格，以确保客户能够获得有质量保证的服务为目标。在实际的网络服务系统中，价格与优先级、可靠性和吞吐量等很多因素有关。在这里假定 QoS 仅与资源的占用情况有关，质量敏感客户 t 的定价策略如下：

$$P_t = \alpha(H_t)^n$$

式中，P_t 是服务价格；H_t 表示实际的资源负载；α 是一个常量，与服务的最大资源负载值 N_t 和营运开支等因素相关；n 表示收费费率的增速，该值由服务商设置。

在图 4-4 中进一步描述了服务价格与服务资源负载的关系，即：

$$P_t = P_{\min} + \alpha(H_t - B_t)^n$$

式中，B_t 为服务资源最优负载区间的下限；U_t 为服务资源最优负载区间的上限。

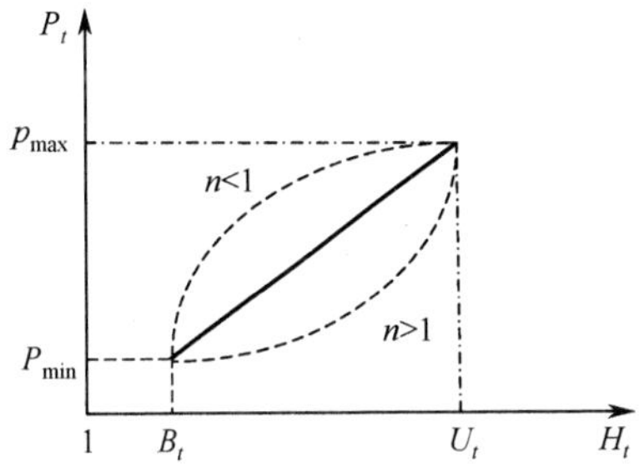

图 4-4　面向质量敏感客户的价格变化

当 $H_t = B_t$ 时，表明此时服务资源的负载最小，保证服务 QoS 的成本最低，此时服务价格 P_t 最小，即为 $P_{\min}$。

当 $H_t = U_t$ 时，表明此时服务资源的负载最大，保证服务 QoS 的成本最高，此时服务价格 P_t 最大，即为 $P_{\max}$。

当 $B_t \leqslant H_t \leqslant U_t$ 时，α 可以根据客户最大意愿支付价格，从以下等式得出：

$$P_{t\max} = P_{t\min} + \alpha(U_t - B_t)^n \tag{4-5}$$

因此，$\alpha = \dfrac{P_{t\max} - P_{t\min}}{(U_t - B_t)^n}$，将 α 代入式（4-5）则得到：

$$P_t = P_{t\min} + \frac{P_{t\max} - P_{t\min}}{(U_t - B_t)^n}(H_t - B_t)^n \quad (B_t < H_t < U_t) \tag{4-6}$$

$$P_t = P_{t\min} \quad (H_t < B_t)$$

$$P_t = P_{t\max} \quad (H_t > U_t)$$

当这一类客户较多时，服务提供商可以最大化其利益。随着消费水平的增长，多数有消费能力的客户会选择该类有服务质量保障的服务。在总的 O2O 服务组合资源中，有必要选择一部分服务资源作为有服务质量保障的服务，当服务需求处于低谷期时，可以通过降低价格刺激客户来申请该类服务，从而提高使用效率。

2. 价格敏感类型

对于那些对 O2O 服务组合价格敏感，而对质量不敏感的客户，可把价格作为硬约束，质量作为偏好。例如，某客户订酒店，要求价格在 500 元以下，交通要尽量方便（距离公交站距离尽可能近）：

Select 酒店

Where 价格<=500

Preference（交通方便）

在满足价格约束的服务范围内，就交通方面这一 QoS 指标评价进行排序，选择满意度最高的服务。

这一类客户类别（g）的服务质量与资源负载 H_g 呈反比，可以表示为

$$\mathrm{QoS}_g = \mathrm{QoS}_{\max} - \beta \times (H_g - 1)^m \tag{4-7}$$

式中，H_g 是当前的服务负载，$\mathrm{QoS}_{\max} = \frac{Z_g}{1}$，表示当资源 Z_g 的使用客户只有一个人时，其所接受的服务质量最高，此时服务质量 $\mathrm{QoS}_g = \mathrm{QoS}_{\max}$；同理，当 $H_g = N_g$，即资源的使用客户达到最高峰时，其所接受的服务质量最低，此时服务质量为

$$\mathrm{QoS}_g = \mathrm{QoS}_{\min} = \mathrm{QoS}_{\max} - \beta \times (N_g - 1)^m \tag{4-8}$$

$$\beta = \frac{N_g \times Z_g - Z_g}{N_g (N_g - 1)^m} = \frac{Z_g}{N_g (N_g - 1)^{m-1}} \tag{4-9}$$

将式（4-9）代入式（4-8），可以得到：

$$\mathrm{QoS}_g = Z_g [1 - \frac{1}{N_g (N_g - 1)^{m-1}} \times (H_g - 1)^m] \times k \tag{4-10}$$

这里引入参数 k 作为进行中的服务数量 H_g 的减函数，以避免由于客户数量过多而导致拥塞现象的发生，这意味着服务的资源分配将随正在进行的服务增加而减少。图 4-5 描述了面向价格敏感客户的 QoS 变化情况。

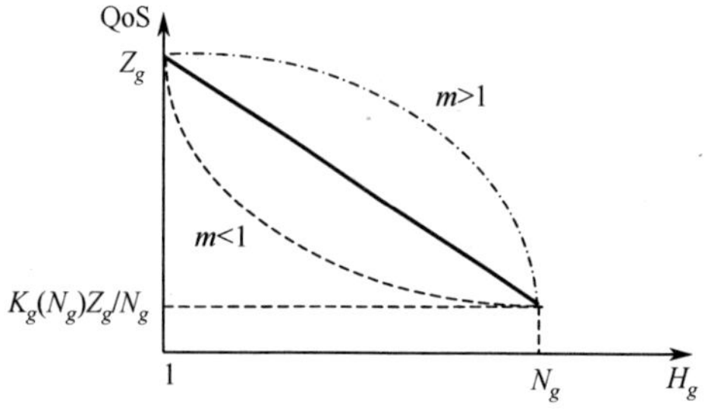

图 4-5　面向价格敏感客户的 QoS 变化情况

服务最优的收费费率与针对价格敏感客户和质量敏感客户的服务定价相关，即当 $\frac{P_g}{\mathrm{QoS}_{g\min}} = \frac{P_{t\max}}{\mathrm{QoS}_t}$ 时，可以达到服务最优的收费费率。其中，$\mathrm{QoS}_{g\min}$ 表示价格

敏感客户可能得到的服务质量的最小值，$P_{t\max}$ 表示质量敏感客户愿意支付的最高价格。

用 $\text{QoS}_{g\min}=\dfrac{Z_g}{N_g}\times k(N_g)$ 和 $\text{QoS}_t=\dfrac{Z_t}{N_t}$ 代入，可得到针对价格敏感客户的收费费率：

$$P_g=P_{t\max}\frac{Z_g}{Z_t}\frac{N_t}{N_g}k(N_g) \tag{4-11}$$

这一类客户对 O2O 服务组合价格变化敏感，如果价格变化超出他们的承受范围的概率较大，其中的某些客户很有可能因为价格调整而被排除在外。为尽量吸引该类客户，服务价格的波动区间不能过大，但由于他们对 QoS 的变化较为宽容，所以对这一类客户可以设定一个相对稳定的价格，该价格与资源的占用情况无关，即使资源拥塞（过载）会令每个服务的质量下降，但只要能达到客户所能接受的基本服务质量就可以了。

对该类客户的请求，适合用有“价格杠杆”的服务调度模型，即只有在服务剩余资源大于客户请求资源，并且客户支付意愿大于服务当前价格时，该服务预定请求才允许被接受。

在实际环境中，特别是 O2O 服务组合扩展到实体服务组合领域后，价格和 QoS 变动用分段函数来描述会更合理，如图 4-2 所示。这样对应不同的服务资源负载分段，服务的均衡价格就不同。

4.2.2　O2O 服务组合价格调整机制

根据 O2O 服务组合资源负载状况可以调整 O2O 服务组合价格，又因为价格能够反作用于需求，这样通过价格调整就可以达到控制服务需求量的效果，从而保证服务的质量。关于价格调整的时间选择问题，有学者已经进行了相应的研究，如 Edell 证明客户对于 QoS 有一个确定的期望值，Odlyzko 证明了多数客户希望价格简单，而对于复杂的付费形式表示反感。但从服务提供商的角度来看，采用短的价格调整周期而较为频繁地调整价格能更有效地控制需求量。

本节提出一种服务价格调整机制，该机制通过服务请求数量的变化来反映客户需求的变化，并将价格调整的信息快速传递给客户，从而激励客户做出正确的资源决策，使服务网络维持在较优的负载状态。

首先设置两个和服务请求相关的阈值，分别是下限 B 和上限 U。以携程网为例，一年之中每天收到的订单数量是动态变化的，根据统计数据，可以分析出订单数量较少、订单数量适中和订单数量爆发三种不同的数量区间，把 B 作为订单数量适中区间的下限，把 U 作为订单数量适中区间的上限。在此基础上，把当前收到的服务请求数量记作 count（request）。

（1）当 count（request）呈下降趋势，直到 count（request）$\leqslant B$ 时，认为供小于求，启动价格调整程序。

（2）当 count（request）呈上升趋势，直到 count（request）$\geqslant U$ 时，认为供大于求，启动价格调整程序。

（3）当 $B\leqslant$count（request）$\leqslant U$ 时，认为供求基本平衡，服务信息发布平台发布价格。

（4）在计算出当前价格后，客户以最大化自己的消费盈余的原则来决定服务资源的使用，消费盈余计算公式为 $\max((\tilde{p}-p)\cdot x_i)$，即保证 QoS 约束的情况下，价格期望和价格的差最大。具体调整流程如图 4-6 所示。

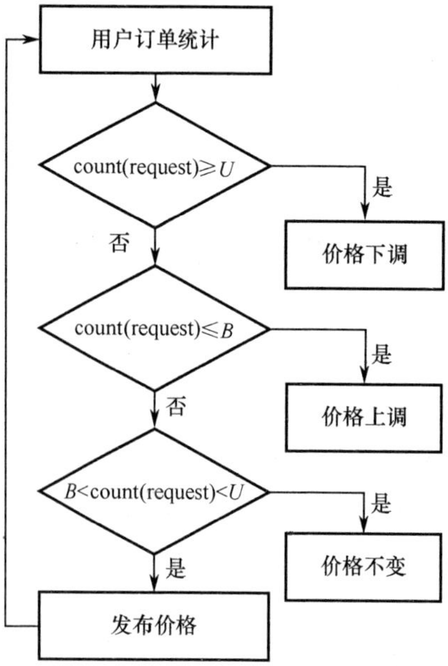

图 4-6　O2O 服务组合价格的调整流程

价格调整流程中的价格调整规则如式（4-12）所示：

$$p_{ij}=\begin{cases}p_{ij}-\Delta_B p, & h_{ij}<B_{ij}\\ p_{ij}, & B_{ij}\leqslant h_{ij}<U_{ij}\\ p_{ij}+\Delta_U p, & h_{ij}\geqslant U_{ij}\end{cases} \tag{4-12}$$

式中，Δ_B、Δ_U 分别是指服务资源负载不足和资源过载时的调整幅度，最优调整幅度一般用经验值设定。价格的调整使单个资源和资源包的价格不断地波动，直到达到平衡为止。

4.3　O2O 服务组合价格调整影响结果分析

4.3.1　价格调整对服务匹配的影响

NetLogo 是一个用来对自然和社会现象进行仿真的可编程建模环境，我们可以利用它对服务价格调整机制进行仿真测试。NetLogo 是由 Uri Wilensky 在 1999 年发起的，由连接学习和计算机建模中心（CCL）负责持续开发。NetLogo 特别适合对随时间演化的复杂系统进行建模。它通过向成百上千的独立运行“主体”（agent）发出指令，使得探究微观层面上的个体行为与宏观模式之间的联系成为可能，这些宏观模式是通过许多个体之间的交互展现出来的。首先定义如下所示的对象。

客户主体：

```
patrons [
    attending?          该客户请求是否被响应
    user?               是否是客户身份
    ziyuanrequest       请求资源的数量
    qosrequest          对服务质量的要求
    pricerequest        愿意支付的价格
]
```

服务主体：

```
servers-own [
  ziyuan              服务商的资源总量
  ziyuanzhanyong      已经占用的资源数量
  qos                 服务质量
  price               服务价格
  change              资源负载变动
]
```

在通常情况下，客户对服务质量的要求不应该是一个点，而应该是一个区间值，同理，客户对某项服务的意愿支付价格也应该是一个区间值。例如，在客户结构体中，设定客户 patron 对服务质量的要求 qosrequest 是 0～1 的随机数 *a*，则客户的服务质量要求就可以设定为一个区间[*a**0.95，*a**1.05]。

O2O 服务组合质量和价格之间是存在正相关性的，好的服务质量往往伴随着较高的价格。把视角延伸到网下服务资源，通过对携程网上部分酒店服务数据进行分析，可以发现虽然 QoS 和价格的对应关系并不完全一致，但剔除部分不合理评价值之后，还是存在正相关性的。例如，艾客莱酒店（武汉古田店）仅有一人评价，该数据不具备代表性，而且评分为 2.0，大大低于这个档次酒店服务的评价，因此该数据存在不合理性，删除该数据会使客户评分和价格之间的相关度加强。另外，可将服务资源划分成不同的类别，仍以携程网酒店服务数据为例，可将服务按 4 星以上、2～3 星、经济型及其他分为 4 类，并把一个类别的数据作为一个整体来考虑，这样类别之间的相关度比较高。因此，实验数据的设计也应考虑分类和类别中的数据相关性。例如，在客户结构体中，设定客户 patron 对服务质量的要求 qosrequest 是一个 0～1 的随机数，则客户的意愿支付价格 pricerequest 与其对服务质量的要求相关，即令：

pricerequest=qosrequest*70+（random 30）

这样客户的意愿支付价格 qosrequest 主要取决于其对服务质量的要求，又带有部分的随机波动。

但如果要进一步对客户群进行细分，又可分为价格敏感客户和质量敏感客户。

对于质量敏感客户，需要严格控制其服务质量要求的区间下限，区间上限则可以放宽。例如，随机生成的质量需求值为 a，可以设置其服务质量要求区间为[a，1.3*a]，且其价格需求取决于质量需求。

对于价格敏感客户，则严格保证其意愿价格区间的上限，下限则可以放宽。例如，随机生成的价格需求值为 p，可以设置其意愿价格区间为[0.6*p，p]，且其质量需求的取值区间也由其价格需求推出。

当客户主体在进行服务选择时，会基于最大化自身效用的原则，根据自己的需要来选择适当的服务。设定客户效用函数如下：

客户效用=意愿支付价格−服务价格

一般客户会遍历所有服务，寻找在能满足其 QoS 要求的基础上最大化其效用的服务；对价格敏感的客户，则可能没有 QoS 要求或其 QoS 要求值比较低，这时主要考虑服务价格因素，从而获得最大效用；对质量敏感的客户，则要寻找质量最符合其要求或服务质量最大的服务。本节提出的获得最优服务的遍历算法如图 4-7 所示。

获得最优服务的遍历算法：

1．对客户 $c \in \{1,2,\cdots,C\}$ 进行初始化

2．对服务 $s \in \{1,2,\cdots,S\}$ 进行初始化

3．repeat

4．　k=k+1

5．　for 每一个客户 c，$c \in \{1,2,\cdots,C\}$

6．　　遍历服务 $s \in \{1,2,\cdots,S\}$

7．　　if 质量敏感客户

8．　　　$\max\limits_{s \in \{1,2,\cdots,S\}}$（客户 QoS 要求−QoS）且（服务价格<客户意愿支付价格上限）

9．　　endif

10．　　if 价格敏感客户

　　　$\max\limits_{s \in \{1,2,\cdots,S\}}$（客户意愿支付价格−服务价格）且（QoS>客户要求 QoS 下限）

　　endif

图 4-7　最优服务的遍历算法

当客户寻找到合适的服务时，该服务的资源则会被其占用。随着资源负载的增加，服务质量也会随资源负载的变化而变化，定义变化过程如图 4-8 所示。

```
to 质量调整
  if 资源负载 >资源总量 * 0.8  and qos > 0
        [        set qos=qos−0.05 ]
  if 资源负载 < ziyuan * 0.8 and  资源总量> ziyuan * 0.5 and qos < 1
        [ set qos=qos + 0.03 ]
end
```

图 4-8　质量调整步骤

如果进行服务价格的调整，将采用定期调整的方式，如在一天内接收了 100 位客户的服务请求并实施服务之后，则要根据当时的服务资源状态进行价格的调整。服务商根据资源负载状况对服务价格进行调整的过程如图 4-9 所示。

```
to 价格调整
  if 资源负载 > 资源总量 * 0.8
     [ set price=price + 0.02 * price]
  if  资源负载 < 资源总量* 0.5
     [ set price=price−0.005 * price ]
end
```

图 4-9　价格调整步骤

本节首先比较服务价格调整对实际响应的服务数量和客户实际服务质量体验两个方面的影响，具体就是对服务资源处于供不应求、供需基本平衡和供过于求情况下的均衡价格变化进行比较。设定有 3 个服务提供商提供该类服务，每个服务提供商提供 50 个服务资源，在客户数分别为 85、135 和 184 人的情况下进行模拟仿真，其中价格敏感客户和质量敏感客户各占一半。

当客户数为 85、135 和 184 人时，在进行价格调整和不进行价格调整的情况下，服务平均价格的变化分别如图 4-10、图 4-11、图 4-12 所示。

经观察发现，对于客户而言，无论服务资源是在供不应求、供需基本平衡还是在供过于求的情况下，价格经过调整最终均会收敛到最优的均衡价格。又由于在以上三种情况下资源负载分别处于低、中、高不同的区间内，所以它们的均衡价格也不同。

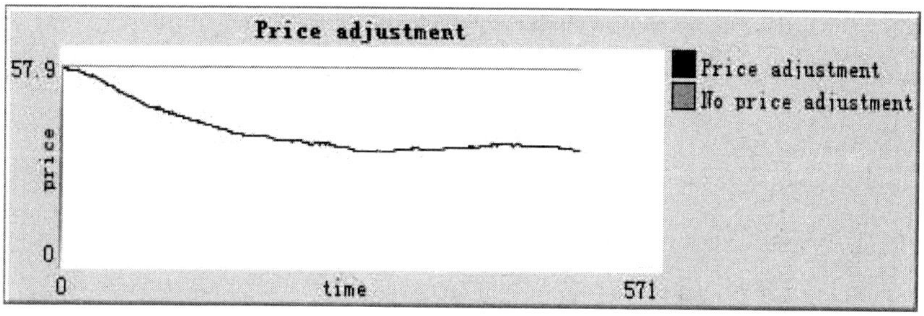

图 4-10　85 个客户时价格调整对服务平均价格的影响

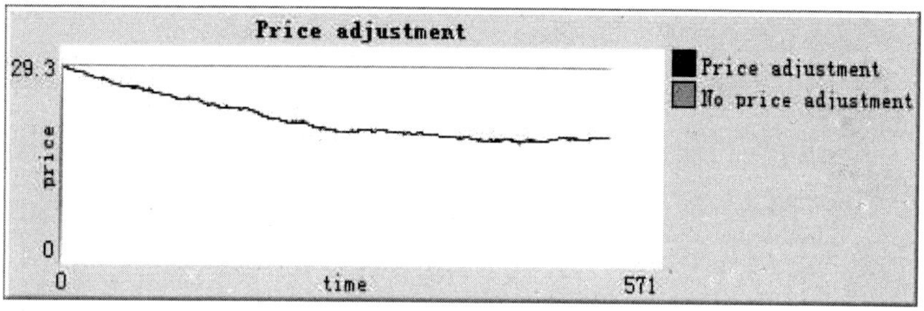

图 4-11　135 个客户时价格调整对服务平均价格的影响

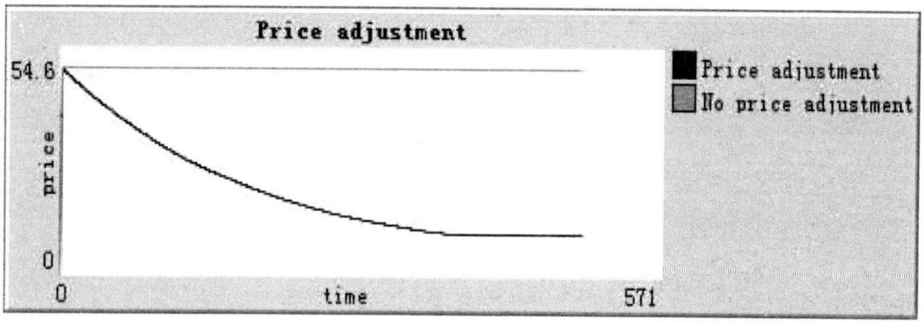

图 4-12　184 个客户时价格调整对服务平均价格的影响

然后考察在客户数量出现波动的情况下，价格调整策略对实际响应的服务数量、服务提供商收益和客户效用的影响。设定申请服务的客户人数从 85 逐步递增到 184，最终得到价格调整与否对实际响应的服务数量、服务提供商收益和客户效用的影响情况，分别如图 4-13、图 4-14 和图 4-15 所示。

通过对 20 次模拟仿真实验结果的观察来看，在本节提出的价格调整方案下（见图 4-9），对服务提供商的收入和实际响应服务数量的提高幅度最大，因此服务提供商是很有动力去进行价格调整的。

总之，利用价格来调节客户需求、控制资源分配及优化均衡服务资源的机制是可行的。

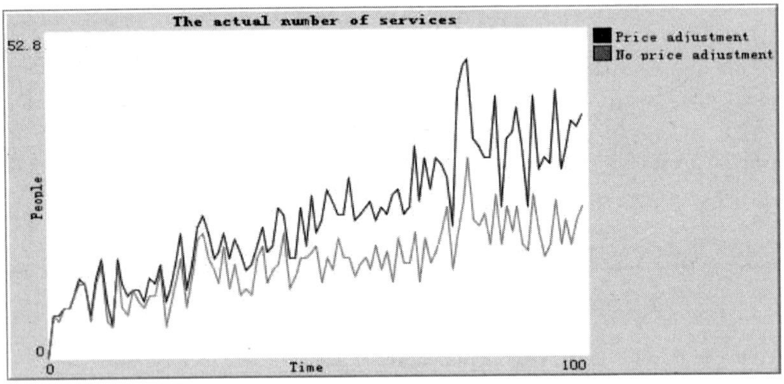

图 4-13　价格调整对实际响应的服务数量的影响

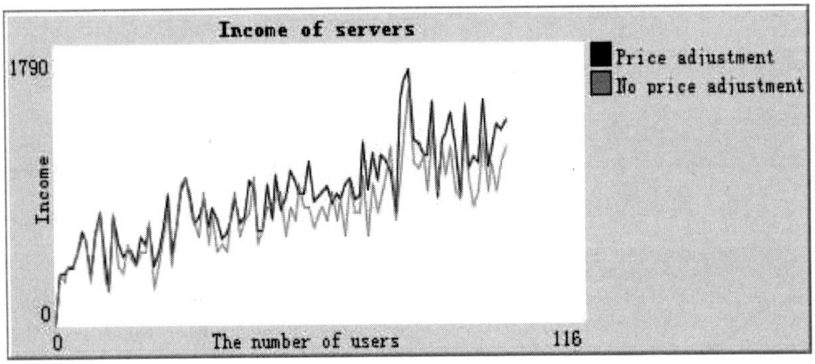

图 4-14　价格调整对服务提供商收益的影响

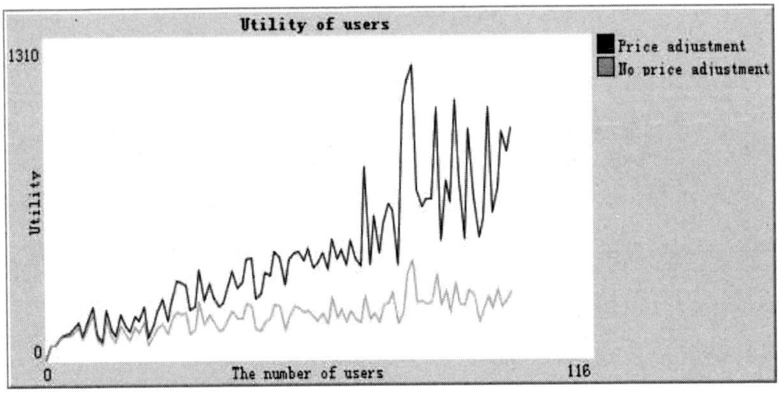

图 4-15　价格调整对客户效用的影响

4.3.2　价格调整对服务组合的影响

设有 i 类 Web 服务，它们分别完成组合过程中的 n 个阶段任务，分别记为

$T=\{T_1,T_2,\cdots,T_n\}$，$|T_i|=n_i$ 表示服务类别 i（$1\leqslant i\leqslant n$）中有 n_i 个服务，服务类别 i 中有多个候选服务，记为 ws_{ij}；定义 x_{ij} 为服务 ws_{ij} 的实现资源负载，p_{ij} 表示服务 ws_{ij} 的实现价格，q_{ij} 表示服务 ws_{ij} 的实现 QoS，$r_i(i=1,\cdots,n)$ 表示接收服务请求，l_i 表示服务请求的资源数量。以下给出基于流程的服务组合算法，如图 4-16 所示。

1. for $i=1$ to n //遍历 n 个任务
2. for $j\in|T_i|$ //遍历任务 T_i 的 $|T_i|$ 个候选服务
3. $h_{ij}\leftarrow x_{ij}+l_i$ //计算当前资源负载
4. if $p_{ij}\leqslant v_i$ and then $q_{ij}\leqslant q'$ //价格符合客户预算且满足客户的 QoS 要求
5. $\max(\tilde{p}_i-p_{ij})\cdot l_i$ //计算不同服务的客户效用，选择效用最大服务 ws_{ij}
6. $x_{ij}\leqslant x_{ij}+l$ //更新服务资源负载
7. endif
8. endfor(j)
9. sum($(\tilde{p}_i-p_{ij})\cdot l_i$) //累加各任务阶段获取的效用，得出总效用
10. endfor(i)
11. 客户请求完成后，根据资源状况调整价格，调整服务质量

图 4-16　考虑价格调整的服务组合

假定目前有一个服务组合模板，其中含 4 个任务 A、B、C 和 D，每个任务的候选服务为 5 个，现有客户 200 人，按照服务流程的需要，从 A、B、C、D 4 个任务的候选服务中进行选择形成服务组合。本节考察价格调整对实际完成服务组合数量的影响，经过 70 轮数据仿真的结果如图 4-17 所示。

通过本组数据可以看出，有价格机制的服务组合成功率比没有价格机制的服务组合成功率高。这可以理解为，价格调整机制使各种服务资源负载与客户需求（包括价格和质量）变得更为相符，从而使得在客户需求约束下的服务查找成功率有所提高。

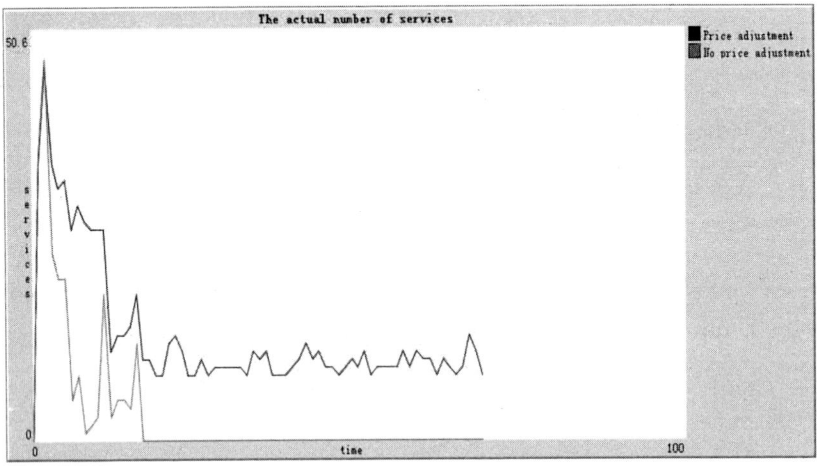

图 4-17　有无价格机制的服务组合数量对比

4.3.3　客户行为调整对服务匹配的影响

在一般网络服务市场中，网络服务的价格是由运营商事先确定或协商的，然后客户会基于最大化自身收益的原则，根据自己的需要来选择适当的服务。然而，客户对服务的使用、服务资源的占用也会对服务状态产生直接影响，服务状态的变化又会导致网络服务质量的波动，因此客户在决策使用行为时需要综合考虑当时的网络状态、网络服务质量及价格等诸多因素。

客户通过对服务资源使用情况进行较长时间的统计，可以找到一定的规律，在掌握了服务资源使用规律的基础上，可对服务资源的紧张程度、服务资源负载的变化或服务的价格做出预测，为自己合理使用服务资源打下基础。客户主动地预测和决策可能会起到控制拥挤及保障 QoS 等作用。

由于服务价格通常是周期性变化的，如果既想让价格在一定时间内保持不变，又要避免价格调整过于频繁给客户带来的不适应，则服务提供商的价格调整对拥挤控制来说多少会有些滞后。而客户作为主动行为者，对市场情况做出预判是一种普遍现象，如果预测申请某项服务的人数较少，他们就有可能在一定范围内调低意愿支付价格或调高自己的质量需求预期；反之则调高意愿支付价格甚至放弃申请服务，这样客户在保证自身满意度的前提下，也可能会给整个系统的稳定性和可靠性带来更大的帮助。客户的行为决策最终还是要在服务资源的市场状况和客户的行为习惯之间达到一个平衡。因此对服务资源市场的变化进行预测是一项相当重要的工作。

目前，预测方法一般可以分为定性预测和定量预测，如图 4-18 所示。

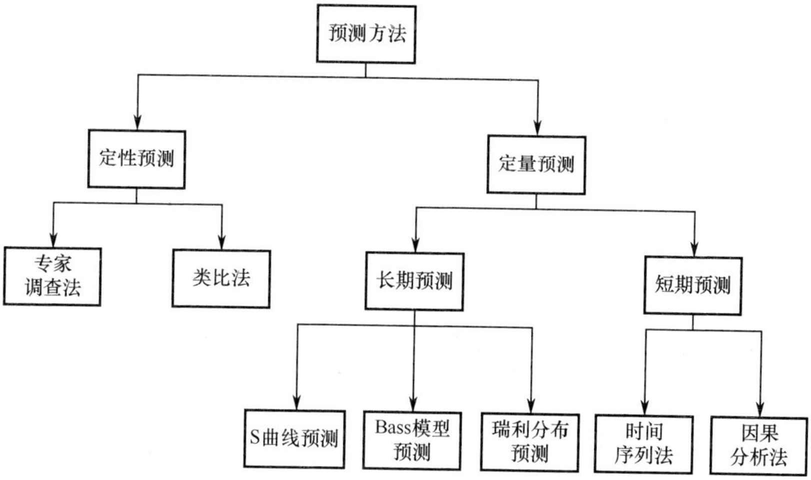

图 4-18　客户行为的预测方法

图 4-18 中的定性预测是一种通过调查研究了解实际情况，凭自己的实践经验对事物变化的性质、方向度进行预测的方法；定量预测是运用统计模型对事物变化的速度和比例关系的预估，可以从长期和短期的角度来考虑，其中短期预测方法主要包括时间序列预测和回归分析预测等，在现实工作中两者通常结合在一起来使用，以提高预测结果的准确性。

为了预测未来某个时刻的服务资源使用状况，客户会用到一系列的价格预测策略和这一时刻之前的服务负载历史数据。假定预测策略是基于线性的模型，则该模型可用一个权重序列来表示：

$$p(t)=x(t-1)*a(t-1)+x(t-2)*a(t-2)+\cdots+x(t-\mathrm{MEMORY_{SIZE}})*a(t-\mathrm{MEMORY_{SIZE}})+c*100$$

式中，$p(t)$是预测时刻 t 的价格；$x(t)$是时刻 t 服务资源的实际负载；$\mathrm{MEMORY_{SIZE}}$ 是指预测过程回溯历史数据的最大期数。

这意味着价格是服务负载数据的加权，而不同的权重则表示不同负载历史数据对待预测价格的影响是不同的。这样客户仍然可以有多个候选策略，客户会决定采用过去预测数据最准的策略来进行当前的预测。至于客户在预测中需要回溯多少期历史数据，则要事先设定。预测完成之后，客户根据预测值和一定规则采取主动行为，设定规则如下：如果服务资源预测值>设定值，则客户放弃申请服务。

本节模拟客户预测服务资源情况并主动进行行为调整的情景，考察客户的主动行为调整对实际进行服务数量和客户实际所获服务质量平均值的影响。设现有客户 140 人，服务有 5 项，每项服务资源有 50 个，经过 150 轮仿真，客户预测并进行行为调整对服务申请成功数的影响如图 4-19 所示，对实际服务质量平均值的影响如图 4-20 所示，对客户效用值的影响如图 4-21 所示。

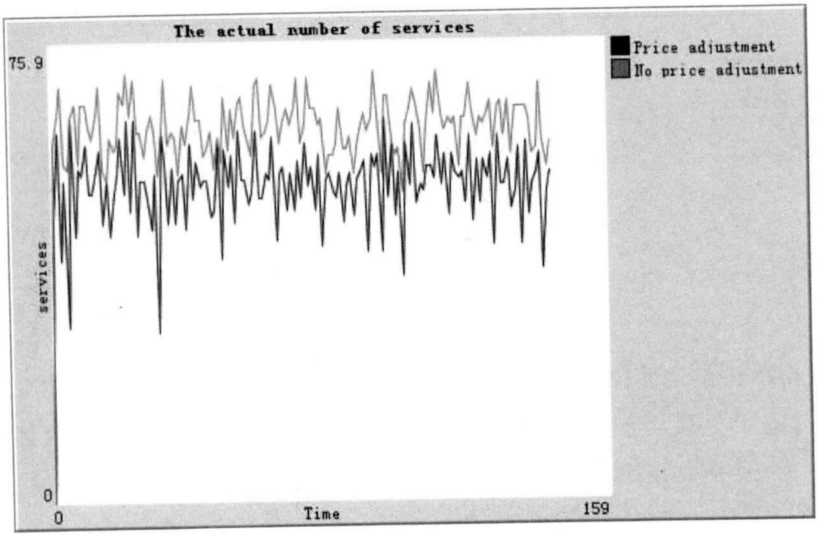

图 4-19　客户行为调整对服务申请成功数的影响

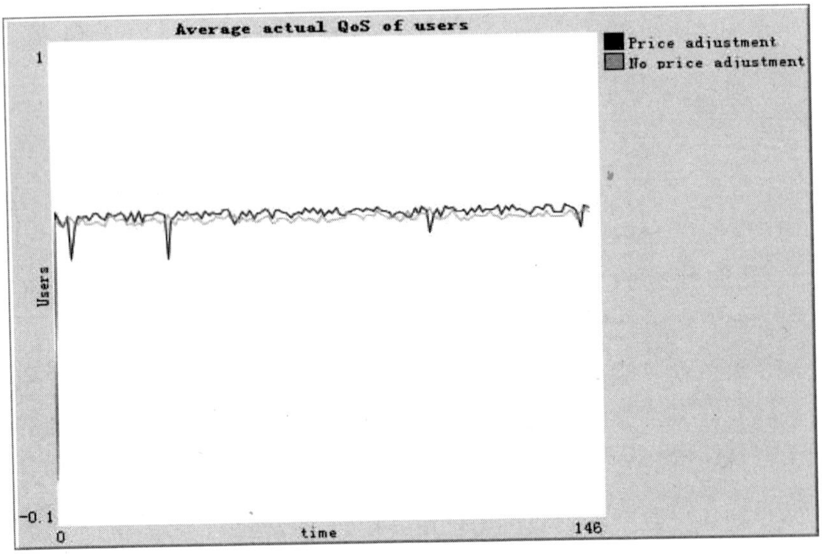

图 4-20　客户行为调整对实际服务质量平均值的影响

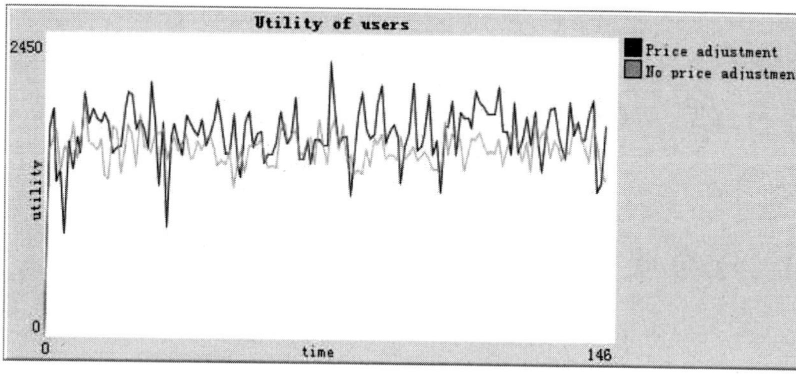

图 4-21　客户行为调整对客户效用值的影响

通过实验结果可知客户的主动行为调整降低了实际的服务资源负载，提高了客户实际体验服务质量的平均值，也提高了客户的实际效用值。

第5章　O2O服务组合QoS指标体系

5.1　O2O服务组合协同主体分析

所谓的O2O服务组合协同主体，就是指在O2O服务组合市场决策与优化管理过程中，相互之间具有一定竞争、合作和协调关系的各个参与者。依据协同管理理论，O2O服务组合协同管理实际上是为了提高O2O服务组合的价值，要求所有与O2O服务组合相关的各协同主体彼此协调和相互配合。要实现O2O服务组合协同管理，首先需要对其相关的各协同主体进行分析，以共同发展为目的，使他们树立共赢的意识，共享各种信息资源和创新成果。

5.1.1　O2O服务组合协同主体构成

本节所研究的O2O服务组合协同主体由独立的四个部分构成：Web服务集成商（WSI）、元服务供应商（ISV）、O2O服务组合的其他相关主体及客户。O2O服务组合协同主体的简化图如图5-1所示。

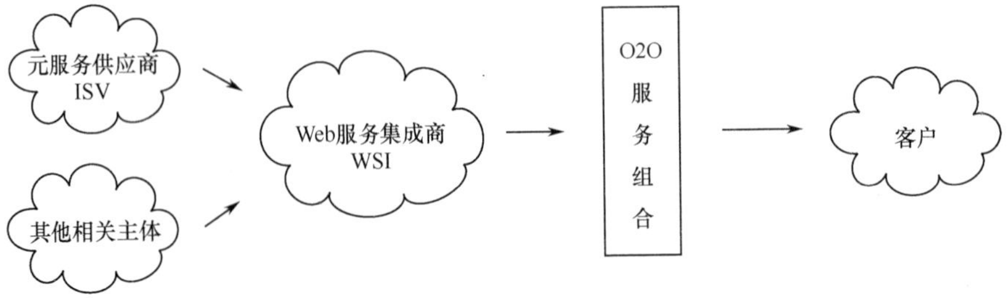

图5-1　O2O服务组合协同主体

1. Web服务集成商（WSI）

Web服务集成商（WSI）是O2O服务组合的网上直接提供者，是O2O服务组合协同主体的核心成员。服务组合之所以能区别于元服务，是因为它提供了由多个元服务聚集而成的整体功能，而这些功能的集成，能够更好地满足客户的需求。WSI 的关键作用在于选择合适的元服务，并把它们有效、有序地整合在一起，形成满足客户需求的服务组合。WSI 只有通过对客户需求与偏好的精准把控，以及与元服务供应商和其他相关主体的配合协调，才能为选择、集成、提供创造良好的前提条件。

2. 元服务供应商（ISV）

元服务供应商（ISV）是提供独立元服务的主体，O2O 服务组合中的各服务都来源于这些独立的元服务，元服务的功能与质量直接关系到 O2O 服务组合是否能产生价值，因此，ISV 是 O2O 服务组合协同主体中的重要一员。ISV 与 WSI 之间是互惠互利的：WSI 集成多个 ISV 提供的元服务从而形成服务组合，以便从客户那里获利，同时，ISV 也从 WSI 那里获得相应的利润。

3. O2O 服务组合的其他相关主体

虽然与 WSI 提供的 O2O 服务组合直接相关的是 ISV 提供的元服务，但是根据价值链理论，与 WSI 相联系的主体不仅仅有 ISV，还有诸如竞争对手、方案创意合作者、技术合作者及物流企业等这样的其他相关主体。这些主体与 WSI 之间存在竞争或合作的关系，但无论是哪种关系，都能促进 O2O 服务组合的价值创造，甚至是形成价值增值活动。

4. 客户（消费者）

客户是 O2O 服务组合协同的终端，是价值需求的核心，也是促进价值创造的动力。O2O 服务组合协同主体中的客户包括在整个 O2O 服务组合价值链的内部客户和整个 O2O 服务组合价值链所面向的外部客户两个部分。前者实为价值链中的各节点企业，他们与 WSI 互为客户；后者为享受 O2O 服务组合的客户，后文中研究的客户主要是指后者。O2O 服务组合协同的一个关键要素就是以客户的需求和偏好为中心，通过各种方法不断发现并挖掘这些需求与偏好，适时地向客户提供满意的 O2O 服务组合，这样最终会促进 Web 服务集成商（WSI）、元服务供应商（ISV）及其他相关主体实现利益的获取。

5.1.2　O2O 服务组合协同主体关系

通过对 O2O 服务组合各协同主体进一步细化，可把 O2O 服务组合的其他相关主体按照竞争或合作关系具体分为竞争者和合作者，并通过分析获得 O2O 服务组合各协同主体之间的活动过程，如图 5-2 所示。

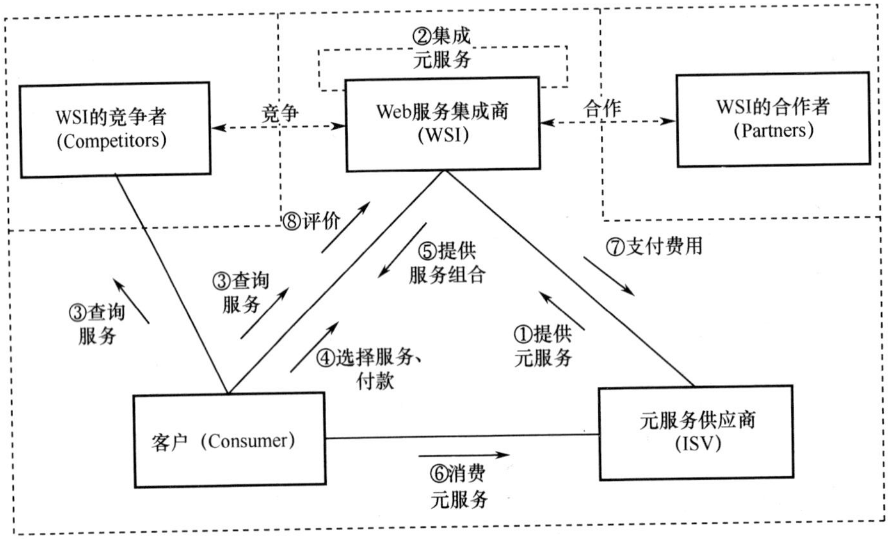

图 5-2　O2O 服务组合各协同主体之间的活动过程

根据图 5-2，O2O 服务组合各协同主体之间的关系如下：

（1）元服务供应商（ISV）向 Web 服务集成商（WSI）提供各种元服务，他们在提供这些元服务的同时还要提供服务描述、服务需求特征和变动等信息，具有相同功能的元服务可能来自于不同的 ISV；

（2）WSI 集成多个元服务，形成各种 O2O 服务组合，并向客户发布相关的信息；

（3）客户通过网络平台查询满足其需求的相关 O2O 服务组合信息，其中包括查询 WSI 和其竞争对手的服务组合信息等；

（4）客户通过对比 WSI 和其竞争对手提供的 O2O 服务组合，以及与两者的协商，确定并选择满足其需求的 O2O 服务组合(图 5-2 中假设选定对象为 WSI)，然后向 WSI 发出请求，验证 O2O 服务组合的有效性，在接受该服务组合的前提下，对价格进行进一步的商讨，待双方达成共识之后，客户通过多种方式向 WSI 进行付款；

（5）客户付款后，WSI 向其提供他们所购得的服务组合；

（6）～（7）客户通过在线或线下的方式对所购 O2O 服务组合中的各项元服务进行消费，同时，WSI 向客户选择的 O2O 服务组合中的各元服务供应商支付一定的费用；

（8）客户完成了服务消费之后，对服务组合做出客观的评价。

通过对 O2O 服务组合协同主体之间的关系分析，可以发现，WSI 并不一定对元服务供应商提供的众多元服务都进行选择，他们将会有目的地挑选能为其带来利益价值的元服务。而 WSI 在对已选择的元服务进行集成时，不仅仅是简单地完成多个功能的元服务的集成，同时也要考虑到不同客户的个性化需求。WSI 的竞争对手与 WSI 自身所提供的 O2O 服务组合从功能上来讲比较相似，两者（也有可能是多者）之间是竞争关系，它们都希望从有类似需求的目标受众群体中获得更多的客户，此时，客户一旦选择了 WSI 提供的服务组合，则会产生一定的费用，这个费用不会发生在客户与元服务供应商之间，只会产生在客户与 WSI 之间、WSI 与 ISV 之间，WSI 获得的利润相当于“中介费”。客户对 O2O 服务组合做出的评价对 WSI 进一步改进其服务组合具有一定的参考价值。在 WSI 与客户和 ISV 关系的维持过程中，WSI 与竞争者和合作者的关系始终存在，并不断影响其运作过程。

5.1.3　网络消费者行为

在互联网和信息技术的促进和发展下，电子商务不仅迎来了新的应用和商务模式，也逐渐改变着供应商开展商务活动的方式。通过网络，人们可以方便地购物，可以尽情浏览网站上的海量信息，可以和在线商家进行实时交流和反馈。

O2O 服务组合以其强劲的发展势头占得了网络经济的一席之地，又由于在迅速发展的网络环境中的消费者是虚拟市场下的产物，他们一般都具有对新鲜事物有强烈好奇心、追求时尚、注重自我、有想法、敏感却缺乏耐心等特征，所以他们的行为成为一个值得关注的重点。因此，研究网络消费者的行为将直接与客户反馈的关键 QoS 指标的提取密切相关。

1. 网络消费者行为过程分析

网络市场中的消费者对 O2O 服务组合都有一个从认知、探索到决策的行为过程。网络消费者从进入主页开始，首先探寻相关的网页信息，然后决定提交订单或放弃购买服务，最后对体验后的服务或服务组合进行评价反馈。图 5-3 展现了网络消费者在一次网络消费期间，通过一系列连续和相关联的请求，与电子商务网站互动并进行操作的完整过程。

从图 5-3 中可以看出，网络消费者的行为过程可以划分为意识形成、搜寻发现、决策购买和服务反馈四个阶段。

第 1 阶段：意识形成。网络消费者在无意识的状态下进入不同的页面，完成对一组页面的浏览行为，在浏览网页的过程中，逐渐形成一定的消费意识，通过对网络中海量信息的获取，挑选出能满足自己需求的网站，并进入那些网站的主页进一步关注。

第 2 阶段：搜寻发现。在选定的网站主页中进行网站注册，然后登录到相关页面，搜索相关产品或服务的信息，如可以通过页面浏览搜寻到产品外观、服务性能等信息。

第 3 阶段：决策购买。网络消费者首先通过对产品或服务的描述（包括文字、图片等）及历史消费评价等信息进行进一步判断，并对提供目标产品或服务的不同网站进行对比，锁定其中的一个网站(元服务供应商或 Web 服务集成商)，然后确认服务并进行相应的支付。

第 4 阶段：服务反馈。网络消费者对通过购买行为换取的产品或服务进行线上或线下的消费，感受它们带来的感觉和体验，并对提供产品或服务的网站或供应商进行评价，将意见反馈给服务供应商。

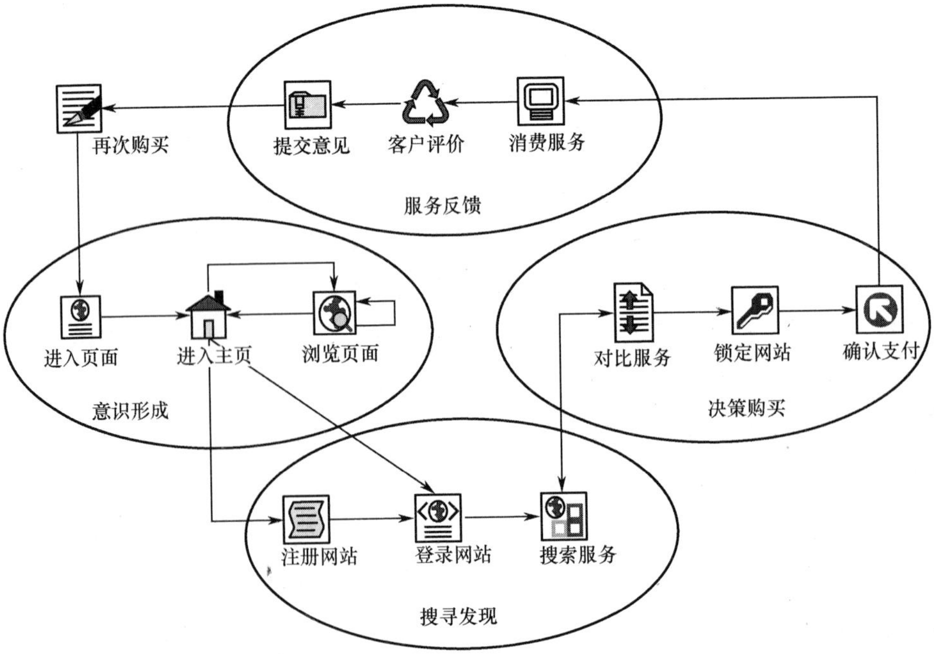

图 5-3　网络消费者行为过程

网络消费者的行为其实是一个连续的动态过程，这个过程由自身需求、网络行为过程中的形成态度和决策购买行为，以及消费服务过程中形成的心理和行为链组成。在上述4个阶段中，第1阶段和第2阶段是网络消费者行为的基础，第3阶段是消费者行为的核心，如果在第4阶段中客户体验较好，可能会产生再次购买的意识，再次进入第1阶段循环进行网络消费者行为。与此同时，不同的网络消费者表现出来的浏览路径不尽相同，他们的需求也千差万别。有些消费者是购买常客，有些则只是广泛浏览但很少从站点上购买的偶尔买家。

2. 网络消费者行为特点分析

国内外学者通过对网络消费者行为进行研究，发现传统消费者向网络消费者转化的关键因素在于网络服务的便捷性、经济性和无地域限制性。与传统消费者行为相比，网络消费者由于受到网络环境的影响，其行为表现出了较大的不同，主要表现在以下五个方面。

（1）网络消费者行为依托于信息技术及互联网。由于所处环境、产品及服务消费方式的不同，消费者对网络环境中工具的使用需要历经从了解到熟练操作的过程，这一过程会带来一定的成本消耗。与此同时，他们自身的历史网络消费行为对其再一次的网络消费决策会产生重要的影响。

（2）网络消费者对商品和服务的选择大大增加。与传统消费模式不同，电子商务环境下的网络消费者对商品和服务的选择不受时间和地域的限制，消费者能够获得大量对称性的信息，使其选择更加开放，消费起来也更加便利。消费者只需要通过一些简单的操作便可完成一次网络消费。

（3）网络消费者偏好性能较好的网站。电子商务网站是网络消费者的行为过程中必不可少的接触点。网站的各方面性能，如打开网页速度的快慢、网页界面排版的合理性、页面操作的便捷性及网站的美观度等都可能成为网络消费者是否被网站吸引的关键。如果网站的各方面性能较差或不能达到网络消费者的要求，网络消费者就会减少光顾的次数，甚至离开该网站。因此，网站性能的好坏将会直接影响网络消费者的决策行为。

（4）网络消费者的网络消费行为存在一定的风险性。尽管Web服务供应商提供众多产品信息和Web服务，但由于网络环境的虚拟性，这些被提供的产品和服务信息并不一定真实反映了实体的状况，同时，产品的包装、物流及线下消费的服务质量对于网络消费者来讲都是未知的，他们既可能从消费行为中获益，也可能被欺诈，所以网络消费者在体验网络带来的便利性的同时，还会关注到自身的安全性问题。与传统消费模式相比，由于网络隐含巨大的技术风险，消费者的个人信息容易失窃，所以他们更关注网络供应商的口碑和知名度，这会对网络消费者的行为决策产生很大的影响。消费者更愿意向信用度较高的供应商购买商品和服务。

（5）网络消费者既是产品和服务的使用者，也是设计方案的提供者。网络消费者的决策已由传统的买家与卖家之间的两方行为，转变成网络环境下Web元服务供应商、Web 服务集成商、第三方平台及网络消费者等众多参与者的多方行为。网络消费者不再只能被动接受和选择供应商提供的产品或服务，他们也可以直接参与到产品和服务的设计过程中，通过与生产商的直接沟通交流，获得满足其个性和喜好需求的产品或服务。因此，具有决策行为的网络更为庞大，消费者决策过程也更为复杂。

5.2　O2O 服务组合 QoS 指标体系映射机制

QoS 是 O2O 服务组合进行市场决策和优化管理的一个重要因素，然而，通常情况下，从客户角度出发的 QoS 指标和从供应商角度出发的 QoS 指标有很大的不同。本节将基于网络消费者感知价值和网络消费行为理论，根据 QoS 的现有研究成果，围绕客户和供应商双重视角，构建一个面向客户的 CQoS 指标体系和面向供应商的 SQoS 指标体系，并研究 O2O 服务组合 QoS 指标体系映射机制。

5.2.1　面向客户的 CQoS 指标体系

从客户的角度出发，他们在选择服务供应商提供的 O2O 服务组合时，更多地会考虑自身的利益。本节提出了基于客户视角的 QoS 指标，分别是功能性、O2O 服务价格（经济性）、安全性、信誉度、可靠性、便捷性和关怀性七项指标，它们共同构成了面向客户的 CQoS 指标体系，如图 5-4 所示。

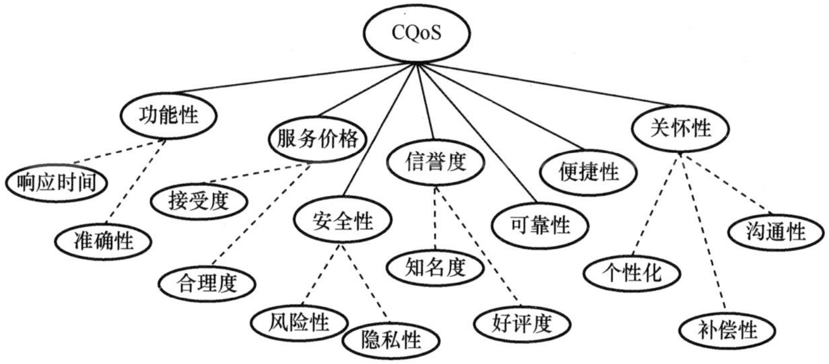

图 5-4　面向客户的 CQoS 指标体系

根据图 5-4 可知，面向客户的 O2O 服务组合 CQoS 指标体系如下。

（1）功能性（Functionality）描述的是 WSI 提供的服务组合的功能表现，主要包括响应时间（Response time）和吞吐量（Throughput）两个指标参数。

响应时间是从客户发送请求到结果被返回的时间间隔。它在一般情况下由执行时间和传输时间组成。O2O 服务组合网上的响应时间可以表述成 $T_{\text{Response}} = f(T_{\text{Execution}}, T_{\text{Transmission}})$。其中，$T_{\text{Response}}$ 表示一个访问的响应时间；$T_{\text{Execution}}$ 是指用来处理并完成客户网上服务组合请求的操作时间；$T_{\text{Transmission}}$ 是指网上服务请求的传输过程中的时间消耗，包括请求发出之后传输到处理请求和处理完请求传输给客户两个部分。通常情况下，用一个时间阶段内所有独立访问的平均访问时间来表示响应时间。

吞吐量是指通过组合服务的最大信息量。当两个网上服务为并行结构时，网上服务组合的吞吐量为两个服务中较小的那个值，这也是网上服务组合的一个缺点；当两个网上服务为选择结构时，网上服务组合的吞吐量为两个服务中较大的那个值。一般地，用“网上服务请求数/秒”来表示网上服务的吞吐量。由于吞吐量对 O2O 网上服务组合的可靠性和可用性都有重要影响，所以当 O2O 网上服务组合在超过吞吐量的情况下运作时，就会对两者产生一定的负面影响。吞吐量可通过计算历史平均值来求得。

综上所述，O2O 网上服务组合的最终功能性指标函数为

$$Q_{\text{Functionality}} = f(Q_{\text{Throughout}}, T_{\text{Response}}) = f(Q_{\text{Throughout}}, T_{\text{Execution}}, T_{\text{Transmission}}) \quad (5\text{-}1)$$

（2）经济性（Economy）是使用 O2O 服务组合的经济条件，无论是客户还是供应商，对这一部分都十分关注。对客户而言，经济性主要是指 O2O 服务组合的价格（Price），它主要有接受度（Acceptance）和合理度（Rationality）两个参数。

接受度反映了客户对 O2O 服务组合价格的最大支付能力。一般情况下，接受度取决于客户的经济能力，每一个客户都有一个可接受的价格，只有当 O2O 服务组合的价格低于或等于这个值时，客户才可能接受，否则客户不会接受。因此，可用 $Q_{\text{Acceptance}}=[0,1]$ 表示接受度，0 表示客户不接受 O2O 服务组合价格，1 则表示完全接受，中间的数值表示客户的接受程度，数字越大表示接受度越高。合理度反映了客户对 O2O 服务组合价格的认可度。当 O2O 服务组合价格得到了客户认可之后，客户根据自己的经验和偏好判断该价格是否合理，用 $Q_{\text{Rationality}}=[0,1]$ 表示合理度，同样地，0 表示客户认为 O2O 服务组合价格完全不合理，1 则表示客户认为 O2O 服务组合价格完全合理，中间的数值表示客户认为 O2O 服务组合合理的程度，数字越大表示他们认为合理度越高。O2O 服务组合最终的经济性指标函数为

$$Q_{\text{Economy}}=f(Q_{\text{Acceptance}},\ Q_{\text{Rationality}}) \tag{5-2}$$

式（5-2）反映了客户对 O2O 服务组合经济性的评价，但是作为经济性主要表现形式的 O2O 服务组合价格，更能直观表现出经济性。

一般情况下，客户在网上选择 O2O 服务组合时，其价格已由 WSI 事先定好，然而，受 WSI 促销等因素的影响，会适时地产生一些 O2O 服务组合折扣，此时 O2O 服务组合的价格则为两者的乘积。

（3）安全性（Security）是服务供应商和 Web 服务器避免 Web 服务客户处在潜在危险或不稳定状态的能力。它主要包括风险性（Risk）和隐私性（Privacy）两个参数。风险性是指客户利用网络选择网上 O2O 服务组合时需要承担的个人账号及密码等信息被泄露和窃取的风险。隐私性是指客户在网上 O2O 服务组合执行和交易过程中个人重要信息被保护的程度。通常情况下，对安全性的描述大多采用客户评价的方式进行衡量，因此比较抽象，如很多研究人员都利用等级指标来表示安全性，如 $Q_{\text{Security}}=\{$很低，较低，一般，较高，很高$\}$。然而，这种方法并不能具体看出安全性的强弱，因此，可以采用数值化的方法对客户的评价打分进行量化处理，要求每位客户的打分范围在[0,1]内，数值越大表明客户对安全性的评价越高，经过求和之后利用取平均值的方法得到安全性的值。通过这种方法得到的安全性的值虽然受到客户的主观性影响，但由于网上 O2O 服务组合客户是一个庞大的群体，所以该方法的结果也具有一定的参考价值。

（4）信誉度（Reputation）是衡量网上 O2O 服务组合客户对使用服务的可信度的参数。一般情况下，信誉度为使用网上 O2O 服务的客户综合网上 O2O 服务

组合网站知名度（Visibility）和对网站整体印象的好评度（Popularity）给出的平均得分，这个评分依据客户的客观判断和主观评分综合给出。根据贝叶斯学习理论，用 $Q_{\text{Reputation}}$ 表示信誉度，则有：

$$Q_{\text{Reputation}} = \alpha \times \frac{\sum_{i=1}^{n} \text{Rating}}{n} + \beta \times Q_{\text{Credibility}} \tag{5-3}$$

式中，α 和 β 为两个平衡因素；n 为在一定时间内对一个网上 O2O 服务组合单独访问的次数；i 为其中的每个访问；Rating 为第 i 个访问者对网上 O2O 服务组合的知名度和好评度评分；$Q_{\text{Credibilty}}$ 为网上 O2O 服务可信度。通过计算，信誉度的计算结果在区间[0,1]内，即 $Q_{\text{Reputation}} = [0,1]$ 。有时为了便于简化计算，$Q_{\text{Reputation}}$ 也可以使用类似于安全性的客户评分方法求得，计算结果仍在区间[0,1]内。

（5）可靠性（Reliability）是一个对网上 O2O 服务组合全面的评价标准，反映了如何正确执行服务请求。客户反馈对网上 O2O 服务组合可靠性的计算是必需的，但是由于客户反馈本身并不能正确把握 QoS 属性，所以传统的客户反馈是一系列实际的数字，并不能准确地表达客户的真正想法。客户对服务的 QoS 属性的感觉往往是模糊的，仅能用“高”或“低”进行评判，数值数据无法表达客户的真实想法，因此如何用语言数据描述可靠性十分重要。当一个网上 O2O 服务送到某一服务请求者后，服务请求者对该服务的可靠性给出了一个模棱两可的评分，如“非常高”、“高”、“正常”、“低”和“非常低”等，虽然语言数据可以正确、合理地描述可靠性，但不易于计算，因此需要找到一个可行的方法来量化这些数据。

一般情况下，可以用模糊数字集合对相应的三角模糊数字进行定量计算，如集合$[N^l, N^m, N^h]$，其中 N^l， N^m 和 N^h 分别为三角模糊数字的下限数值、核心数值和上限数值。这些语言数据均与一定范围内的数值相关联，这个范围内的不同数值和语言数据在一定的概率上相匹配。例如，集合[3,5,6]表示“正常”，意味着任何取值范围在[3,6]内的数值在一定的概率上都能表示“正常”，当数值为 5 时表示“正常”的概率为 100%，在取值范围（3,5）和（5,6）内表示“正常”的概率小于 100%。三角模糊数字（较低的上限和核心数值被给出，用来代表语言数据）的价值由 QoS 的专家和客户专家构成。例如，集合[0,0,2]、[1,3,4]、[3,5,6]、[5,7,9]及[8,10,10]可以用来表示 5 个模糊的分数，如图 5-5 所示。

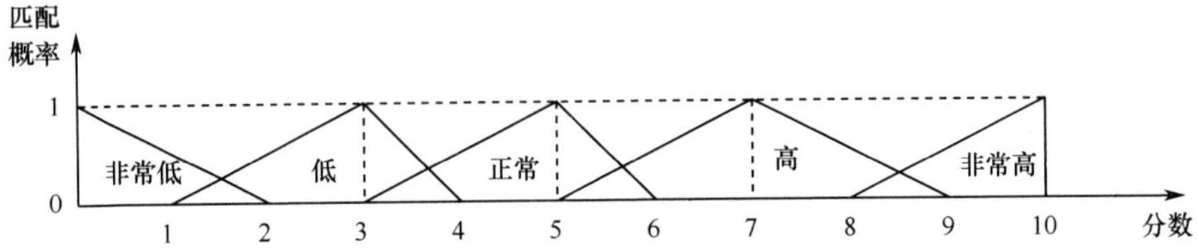

图 5-5　三角模糊数字示例

根据客户反馈的可靠性公式定义如下：

$$Q_{\text{Reliability}}=\frac{1}{n}\sum_{i=1}^{n}[N_i^l,N_i^m,N_i^h]=[\frac{1}{n}\sum_{i=1}^{n}N_i^l,\frac{1}{n}\sum_{i=1}^{n}N_i^m,\frac{1}{n}\sum_{i=1}^{n}N_i^h] \tag{5-4}$$

式中，$Q_{\text{Reliability}}$ 表示可靠性；n 为在一定时间内对一个网上 O2O 服务组合单独访问的次数；i 为其中的每个访问。

同样地，为了简化计算，$Q_{\text{Reliability}}$ 也可以使用类似于安全性的客户评分方法求得，计算结果仍在区间[0,1]内。

（6）便捷性（Convenience）反映了网上 O2O 服务组合在操作和使用上的方便性和易用性程度。便捷性是客户是否会忠实于一个网上 O2O 服务平台的重要原因，是网络客户感知 CQoS 的物化影响因素。与安全性一样，便捷性也可以通过让使用网上 O2O 服务组合的客户进行评价得到，评分取值范围同样在[0,1]内，数值越大表明客户对便捷性的评价越高。经过求和之后利用取平均值的方法可得到便捷性的值。

（7）关怀性（Empathy）描述了网上 O2O 服务组合从客户角度出发并为其考虑的程度。它主要包括个性化（Personalization）、补偿性（Compensatory）和沟通性（Communicative）三个参数。个性化是提供最能体现与客户需求及偏好相匹配的网上 O2O 服务组合的能力；补偿性是指为应对在服务过程中出现的不符合网上 O2O 服务质量标准的问题，网上 O2O 服务供应商所采取的补偿措施的效果。补偿性是以可靠性为前提的，只有在满足可靠性的前提下，才能让较低的 CQoS 得以改变；补偿性的提升是提升客户信任度的一个手段。沟通性是客户在遇到疑问和困难时得到及时、有效的交流和咨询的可能性。类似的，关怀性也可根据网上 O2O 服务组合客户对网上 O2O 服务组合的评价得到，客户打分根据个性化、补偿性和沟通性三个方面进行衡量，取值范围在区间[0,1]内，数值越大表明客户对关怀性的评价越好。

5.2.2 面向供应商的 SQoS 指标体系

从供应商的角度出发，他们在提供 O2O 服务组合时，更多地会考虑如何获得更高的利润。本节提出了基于供应商视角的 QoS 指标，分别是使用频率、组合成本（经济性）、可扩展性、客户忠实度、可用性、完整性和交互性七项指标，它们共同构成了面向客户的 SQoS 指标体系，如图 5-6 所示。

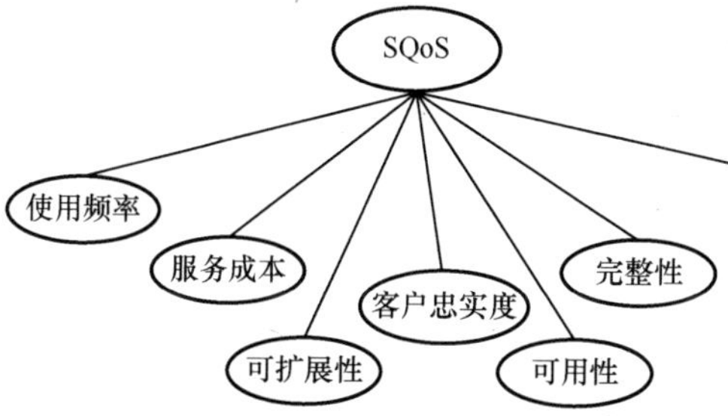

图 5-6 面向供应商的 SQoS 指标体系

（1）使用频率（Frequency）表示客户在单位时间内使用网上 O2O 服务组合的次数。与客户在意的功能性相对应，服务供应商希望得到高使用频率，高使用频率和高信誉度一样都能反映出网上 O2O 服务组合赢得了客户的信任。通常情况下，用一个时间阶段内 N 个独立访问的平均访问次数来表示使用频率，通过以下公式计算：

$$Q_{\text{Frequency}} = \frac{\sum_{i=1}^{N} N_i}{T} \tag{5-5}$$

式中，$Q_{\text{Frequency}}$ 表示使用频率；N_i 表示第 i 个客户在 T 时间段内使用网上 O2O 服务组合的次数。

（2）服务成本（Cost）描述了调用网上 O2O 服务的相关成本，它反映了供应商的经济性。它与面向客户角度的网上 O2O 服务组合价格（Price）相对应，它的属性值由服务供应商提供。服务成本通过以下公式计算：

$$Q_{\text{Cost}} = Q_{\text{Self}} + Q_{\text{Execution}}$$

式中，Q_{Cost} 描述了所有独立访问者的网上 O2O 服务组合成本总合；Q_{Self} 是网上 O2O 服务自身的服务成本；$Q_{\text{Execution}}$ 是网上 O2O 服务组合的执行成本。网上 O2O 服务组合成本与网上 O2O 服务组合价格既是矛盾的，又是统一的。网上 O2O 服务供应商和客户双方各自从自身的角度出发，一方希望用最低成本换取高利润，另一方希望用最低费用获得高质量的服务。

（3）可扩展性（Scalability）表示网上 O2O 服务组合根据客户的需求实现容量和性能方面的扩展能力。它与面向客户角度的网上 O2O 服务组合的安全性相对应，只有在保障安全性的前提下才能提高可扩展性。同样地，可采用客户评价打分的方式对可扩展性进行量化处理，要求每位客户的打分范围在[0,1]内，数值越大表明客户对可扩展性的评价越高。经过求和之后利用取平均值的方法可得到可扩展性的值。

（4）客户忠实度（Loyalty）反映了同一客户重复多次选择网上 O2O 服务组合的可能性。它与 CQoS 中的信誉度相对应，表现了客户使用完网上 O2O 服务组合之后的满意程度。类似地，可根据客户的平均评分来量化计算客户忠实度。

（5）可用性（Availability）指的是网上 O2O 服务组合可以被立即使用的时间比率。一般来说，可用性由网上 O2O 服务供应商更新，它与 CQoS 中的可靠性是相对应的，可用服务在不失败前提下的正常持续运行时间与服务运行和停止运行的总时间的比值求得。

（6）完整性（Completeness）是指维护网上 O2O 服务组合正常运转，保护其信息完全，阻止外部未经授权访问的能力。完整性与 CQoS 中的便捷性相对应，是便捷性的前提，也是向客户提供正确无误的网上 O2O 服务组合的重要基础。完整性可依据客户体验后的综合评分得到。

（7）交互性（Interactivity）是指服务网站与客户之间交流方式的多样性和灵活性，以及对客户的咨询和请求能否及时、有效地处理和解决的能力。通常情况下，交互性与 CQoS 中的关怀性有所关联，从供应商角度出发，同样会特别考虑到提供服务之后能让客户给予交互性高的评价。同样地，交互性可依据客户体验后的综合评分得到。

5.2.3 CQoS 与 SQoS 指标映射机制

综合考虑 QoS 的面向客户的 CQoS 指标体系和面向供应商的 SQoS 指标体系两个方面，可以构建得到 CQoS 与 SQoS 相互映射的 QoS 指标体系，即 O2O 服务组合 CQoS 与 SQoS 指标映射机制，如图 5-7 所示。在 CQoS 与 SQoS 相互映射的

QoS 指标体系中，CQoS 指标体系的 7 个指标与 SQoS 指标体系的 7 个指标一一映射，使 QoS 指标体系能够同时兼顾供应商和客户的利益，变得更全面、更完整。

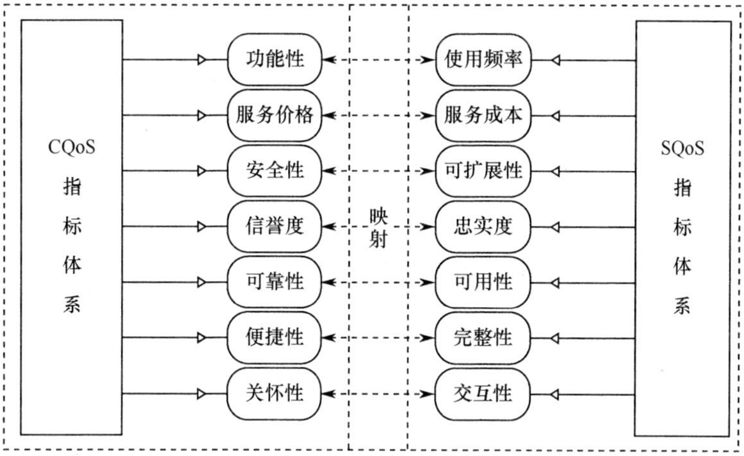

图 5-7　O2O 服务组合 CQoS 与 SQoS 指标映射机制

5.3　O2O 服务组合 QoS 指标体系

在 O2O 服务组合协同管理过程中，能否对 QoS 进行合理的评价并得到有效的评价结果，是实现有效管理的关键环节；而构建合理的 O2O 服务组合 QoS 指标体系是对 O2O 服务组合 QoS 有效评价的前提。5.2 节建立了 O2O 服务组合 QoS 指标体系映射机制，虽然该映射机制中的 CQoS 指标体系和 SQoS 指标体系能反映客户与供应商对 O2O 服务组合的 QoS 需求，但在实际应用中，不可能同时把两个不同的指标体系作为 O2O 服务组合的 QoS 指标。因此，必须研究一套面向协同的 QoS 指标体系来综合体现 O2O 服务组合中各协同主体对 QoS 的需求，尤其是客户与供应商两者的 QoS 需求。

5.3.1　QoS 指标体系的构建原则

面向协同的 QoS 指标体系是 O2O 服务组合 QoS 指标体系评价的核心内容，是基于客户反馈的 O2O 服务组合关键 QoS 指标的挖掘前提。本节认为科学有效的 O2O 服务组合 QoS 指标体系的设定应遵循以下原则。

1. 具有完整性和层次性

面向协同的 QoS 指标体系是一个复杂的系统，它涉及很多方面。该系统不仅要考虑 Web 服务集成商内部的协同，也要考虑与其他 O2O 服务组合协同主体之间的协同，更要体现整个 O2O 服务组合协同的 QoS。因此，QoS 指标体系的设定应充分代表 O2O 服务组合协同主体的整体特征。同时，在满足完整性的情况下，指标的设定也要体现出一定层次，从而使整个指标体系条理清晰，便于后续的评价分析和信息反馈工作的开展。

2. 体现可用性，并尽可能使用定量表达

指标体系中的各项指标必须是 O2O 服务组合 QoS 的客观反映，设定的指标应该具有很强的可用性，能够直接或间接地从现实中获得相关数据。同时，指标不能只是单纯的定性表达或主观等级划分，而应通过定量的方式表达出来。此外，对于不同的指标权重，也应根据其特点和其对 O2O 服务组合整体 QoS 影响作用的强弱，对它们做出不同的设置。

3. 具有通用性和灵活性

从不同角度出发对 O2O 服务组合 QoS 的研究，其所对应的指标体系可能不完全相同，但通用的指标应该具有代表性。也就是说，它们不论在怎样的情况下都能适用。因此，本节所研究的面向协同的 QoS 指标体系应既具有一定的通用性，又有一定的灵活性，既适合绝大多数对 O2O 服务组合 QoS 的研究，又能在遇到具体情况时，根据关键指标权重设置的不同体现出研究者的决策导向。

4. 基于 O2O 服务组合过程，具有实时性

在衡量 O2O 服务组合 QoS 时，对相关数据的分析应尽可能地运用实时分析与评价。对 QoS 的评价是为了更好地促进 O2O 服务组合的协同管理，因此要把指标的设定与 O2O 服务组合的过程相结合，这样既可以体现 QoS 的完整性，也能从根本上解决指标与 O2O 服务组合本身的协同问题。

5.3.2 指标体系的构建

面向协同的 O2O 服务组合 QoS 展现了 O2O 服务组合在运作和管理过程中呈

现给所有协同主体的 QoS 的状态。本节综合 5.3.1 节的研究结果，构建了面向协同的 3 层 QoS 指标体系，第一层为 O2O 服务组合综合 QoS；第二层为经济性指标、网站性能指标、客户服务指标和客户反馈指标，第三层为具体的指标，由此构建出的面向协同的 O2O 服务组合 QoS 指标体系如图 5-8 所示。

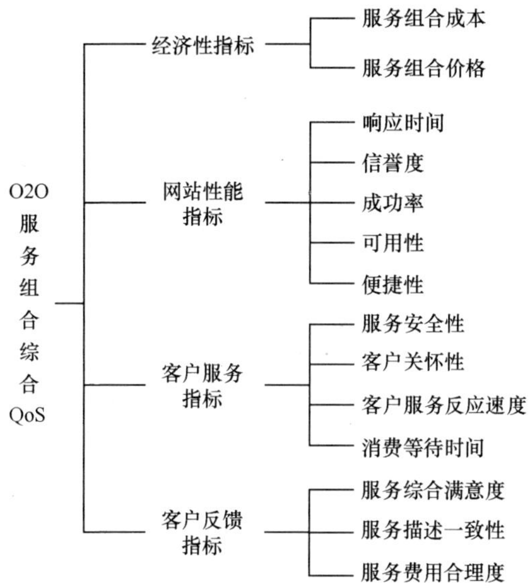

图 5-8　面向协同的 O2O 服务组合 QoS 指标体系

该指标体系设定了 3 层共 14 个变量，各指标数据的采集和数值的获得依据如下。

1. 经济性指标

O2O 服务组合 QoS 指标体系中的经济性指标包括服务组合成本和服务组合价格 2 个指标。相关数据主要来自于 O2O 服务组合供应商自身的成本统计及通过网络直接或间接反映给客户的价格。

1）服务组合成本

提供 O2O 服务组合的 Web 服务集成商的服务成本包括与众多 Web 元服务供应商沟通并建立合作关系的费用、与合作者在技术和方案上合作产生的费用、对 Web 元服务集成和整合的费用、客户购买包含某个元服务的服务组合后向 Web 元服务供应商支付的费用、为吸引客户而提高 CQoS 所产生的费用及抑制竞争者而提高自身竞争力产生的费用等，这些数据均可来自于集成商的财务报表。在相同赢利能力的条件下，服务组合成本越低，表明 Web 服务集成商各方面的协调能力越强。根据分析，得到服务组合成本的计算公式：

$$Q_{\text{Cost}} = Q_{\text{Relationships}} + Q_{\text{Cooperation}} + Q_{\text{Integration}} + Q_{\text{Payment}} + Q_{\text{Improvement}}$$

式中，Q_{Cost} 是指 O2O 服务组合的成本；$Q_{\text{Relationships}}$ 是指 WSI 与 Web 元服务供应商沟通并建立合作关系产生的费用；$Q_{\text{Cooperation}}$ 是指 WSI 与合作者在技术和方案上合作产生的费用；$Q_{\text{Integration}}$ 是指 WSI 集成和整合 Web 元服务产生的费用；Q_{Payment} 是指 WSI 向 Web 元服务供应商支付的客户购买 O2O 服务组合中元服务的成本费用；$Q_{\text{Improvement}}$ 是指 WSI 为提高自身对客户的吸引力和对竞争者的竞争力而进行自我提升所产生的费用。

2）服务组合价格

服务组合价格主要是由 Web 服务集成商通过网络或其他方式呈现给客户的，是他们为购买服务组合需要支付的费用。一般情况下，服务组合价格越低，越能吸引有购买服务组合动机的客户。服务组合价格的计算公式如下：

$$Q_{\text{Price}} = P \times P_{\text{Dis}}$$

式中，Q_{Price}是指 O2O 服务组合的价格；P 是指 O2O 服务组合的服务标价；P_{dis}是指服务折扣。

2. 网站性能指标

O2O 服务组合 QoS 指标体系中的网站性能指标包括响应时间、网站信誉度、成功率、可用性和便捷性 5 个指标。

1）响应时间

响应时间为从客户发送请求到请求结果被反馈给客户的时间，它包括用来处理并完成客户网上服务组合请求的操作时间和网上服务请求在传输过程中的时间消耗。其计算公式为

$$T_{\text{Response}} = T_{\text{Execution}} + T_{\text{Transmission}} \tag{5-6}$$

式中，T_{Response} 是指响应时间；$T_{\text{Execution}}$ 是指处理并完成客户网上 O2O 服务组合请求的操作时间；$T_{\text{Transmission}}$ 是指网上服务请求在传输过程中的时间消耗（包括请求发出之后传输到处理请求和处理完请求传输给客户两个部分的时间消耗）。

2）信誉度

信誉度是指客户对提供网上 O2O 服务组合的网站的信任程度，它反映了

O2O 服务组合的客户对网站的综合信任度。它利用 O2O 服务组合的客户对网站知名度和网站整体印象的综合评价的结果进行衡量。一般情况下，网站可信度越高，越能让 O2O 服务组合的潜在客户产生信任感，其计算公式为

$$Q_{\text{Reputation}} = \frac{\sum_{i=1}^{N} (\text{score1}_i + \text{score2}_i) / 2}{N} \tag{5-7}$$

式中，$Q_{\text{Reputation}}$ 是指网站信誉度；score1_i 是指第 i 个客户对网站知名度的评分；score2_i 是指第 i 个客户对网站整体印象的评分；N 是指参与评分的客户的总数。$\text{score1}_i \in [0,1]$，$\text{score2}_i \in [0,1]$。

3）成功率

成功率为网上 O2O 服务组合能够实现正确响应的概率，它由网上 O2O 服务组合成功执行的次数和总请求次数决定。其计算公式为

$$Q_{\text{Success}} = R_{\text{Success}} / N \tag{5-8}$$

式中，Q_{Success} 是指成功率；R_{Success} 是指网上 O2O 服务组合成功执行的次数；N 是指总的请求次数。

4）可用性（率）

可用性为网上服务可以被立即使用的时间比率，它反映了网上服务被成功调用的概率。它用连续时间内服务正常执行时间与总时间的比值表示，其计算公式为

$$Q_{\text{Availability}} = \frac{T_{\text{Uptime}}}{T_{\text{Uptime}} + T_{\text{Downtime}}} \times 100\% \tag{5-9}$$

式中，$Q_{\text{Availability}}$ 是指可用性；T_{Uptime} 是指服务在不失败的前提下持续正常运行的时间；T_{Downtime} 是指停止运行的时间（含对失败服务的平均修复时间）。

5）便捷性

便捷性为利用网站对网上服务组合进行操作和使用时的方便性和易用性程度。和信誉度一样，它也是网上服务组合客户综合评价的结果。其计算公式为

$$Q_{\text{Convenience}} = \frac{\sum_{i=1}^{N} \text{score}_{i1}}{N} \tag{5-10}$$

式中，$Q_{\text{Convenience}}$ 是指便捷性；score_{i1} 是指第 i 个客户对网站便捷性的评分；N 是指参与评分的客户的总数。$\text{score}_{i1} \in [0,1]$。

3. 客户服务指标

O2O 服务组合 QoS 指标体系中的客户服务指标包括服务安全性、客户关怀性、客户服务反应速度和消费等待时间 4 个指标。

1）服务安全性

服务安全性为 Web 服务集成商和 Web 服务器排除客户潜在危险或不稳定状态的能力。它利用 O2O 服务组合客户对风险性和隐私性的综合评价结果进行衡量。其计算公式为

$$Q_{\text{Security}} = \frac{\sum_{i=1}^{N} (\text{score3}_i + \text{score4}_i)/2}{N} \tag{5-11}$$

式中，Q_{Security} 是指服务安全性；score3_i 是指第 i 个客户对服务风险性的评分；score4_i 是指第 i 个客户对服务隐私性的评分；N 是指参与评分的客户的总数。$\text{score3}_i \in [0,1]$，$\text{score4}_i \in [0,1]$。

2）客户关怀性

客户关怀性为 Web 服务集成商给予客户的人性关怀程度。它利用 O2O 服务组合的客户对个性化、补偿性和沟通性三者的综合评价结果进行衡量。其计算公式为

$$Q_{\text{Empathy}} = \frac{\sum_{i=1}^{N} (\text{score5}_i + \text{score6}_i + \text{score7}_i)/3}{N} \tag{5-12}$$

式中，Q_{Empathy} 是指客户关怀性；score5_i 是指第 i 个客户对服务个性化的评分；score6_i 是指第 i 个客户对服务补偿性的评分；score7_i 是指第 i 个客户对服务沟通性的评分；N 是指参与评分的客户的总数。$\text{score5}_i \in [0,1]$，$\text{score6}_i \in [0,1]$，$\text{score7}_i \in [0,1]$。

3）客户服务反应速度

客户服务反应速度为 Web 服务集成商在 O2O 服务组合的售前、售中和售后服务过程中等客户遇到问题发出咨询请求到响应请求的时间。客户服务反应速度反映了响应客户咨询需求的及时性，时间越短表明客户服务反应速度越快。它可以直接由 Web 服务集成商进行统计。

4）消费等待时间

消费等待时间为客户购买了 O2O 服务组合以后，对其进行实际消费过程中的等待时间。消费等待时间的长短直接影响到客户对服务满意度的评价，它可以由

服务供应商直接进行统计。

4. 客户反馈指标

O2O 服务组合 QoS 指标体系中的客户反馈指标包括服务综合满意度、服务描述一致性和服务费用合理度 3 个指标。

1）服务综合满意度

服务综合满意度为 O2O 服务组合客户的期望值与客户体验后得出的服务组合的匹配程度，也反映了客户完成服务使用后对整个服务的各环节的满意程度。其值可通过综合客户评分获得，其计算公式为

$$Q_{\text{Satisfaction}}=\frac{\sum_{i=1}^{N}\text{score}_{i2}}{N} \tag{5-13}$$

式中，$Q_{\text{Satisfaction}}$ 是指服务综合满意度；score_{i2} 是指第 i 个客户对服务满意度的评分；N 是指参与评分的客户的总数。$\text{score}_{i2}\in[0,1]$。

2）服务描述一致性

服务描述一致性为客户对 O2O 服务组合所描述的功能与实际服务功能的一致性程度。其值可通过综合客户评分获得，其计算公式为

$$Q_{\text{Conformity}}=\frac{\sum_{i=1}^{N}\text{score}_{i3}}{N} \tag{5-14}$$

式中，$Q_{\text{Conformity}}$ 是指服务描述一致性；score_{i3} 是指第 i 个客户对服务描述一致性的评分；N 是指参与评分的客户的总数。$\text{score}_{i3}\in[0,1]$。

3）服务费用合理度

服务费用合理度为客户在使用完服务组合之后，对其费用是否与其价值水平相符的个人感知度。当感知费用远超过其价值水平时，则认为费用不合理，服务费用合理度较低；反之，当感知费用符合其价值水平时，则认为费用较合理，服务费用合理度较高。其值可通过综合客户评分获得，其计算公式为

$$Q_{\text{Reasonable}}=\frac{\sum_{i=1}^{N}\text{score}_{i4}}{N} \tag{5-15}$$

式中，$Q_{\text{Reasonable}}$ 是指服务费用合理度；score_{i4} 是指第 i 个客户对服务费用合理度的评分；N 是指参与评分的客户的总数。$\text{score}_{i4}\in[0,1]$。

5.3.3 O2O 服务组合关键指标提取

5.3.2 节分析并建立了面向协同的 QoS 指标体系，然而，在实际应用中，上述 O2O 服务组合 QoS 指标体系中的有些指标可能对客户选择 O2O 服务组合的影响力较小，因此，如何寻找出基于客户反馈的 O2O 服务组合关键 QoS 指标需要被进一步分析研究。本节结合网络客户行为，进一步研究基于客户反馈的 O2O 服务组合关键 QoS 指标体系，并建立基于客户反馈的关键 QoS 指标模型，挖掘客户反馈的关键 QoS 指标。

1. 关键 QoS 指标提取步骤

基于客户反馈的关键 QoS 指标的提取是指在科学依据的前提下，对 5.3.2 节研究的 O2O 服务组合 QoS 指标体系进行进一步挖掘，提取出最能突出反映 O2O 服务组合 QoS 的指标。如图 5-9 所示为基于客户反馈的关键 QoS 指标提取过程。具体遵循的步骤如下。

步骤一：分析网络消费者的网上购买行为。对网络消费者购买意识、购买态度、购买意向及购买决策的过程进行深入剖析，获取网络消费者行为特点。

步骤二：建立 O2O 服务组合 QoS 与客户行为关系的概念模型，对模型中的 O2O 服务组合 QoS 各评价要素与 O2O 服务组合 QoS 感知、客户购买态度及客户购买意向之间的关系提出假设。

步骤三：围绕 O2O 服务组合 QoS 各评价要素及 O2O 服务组合 QoS 感知、客户购买态度及客户购买意向，设计合理的调查问卷，通过线上与线下问卷发放与回收对数据进行收集，并梳理出有效问卷，建立量表，利用统计软件统计并分析样本的描述性。

步骤四：信度与效度检验。利用信度分析检验调查结果的稳定性和一致性，采用 Cronbach's α 信度系数法对每一个可测变量所组成的因子进行信度分析，若 α 系数大于 0.7 则表示信度检验通过，否则表明第三步收集到的数据建立的量表不可信，则回到步骤三重新设计问卷。在信度检验通过的情况下，利用效度分析检验量表是否能准确测出期望测量到的特质，采用 KMO（Kaiser-Meyer-Olykin）指标对数据取样的适宜性进行判断，当 KMO 值在 0.7 以上时表示适合进行因子分析。同时，利用巴特莱特球体检验（Bartlett Test of Spherieity）对数据是否适合做因子分析进行判断，比较显著性概率与显著性水平，当显著性概率小于 0.001 时，表明数据适合进行因子分析，进入步骤五，否则以 0.600 作为因子分析时的删除标准，删除因子负荷小于 0.600 的指标，然后进入步骤五。

步骤五：数据相关性分析。采用 SPSS16.0 软件，利用 Pearson 相关系数法，衡量 QoS 感知与 QoS 评价要素间的相关性及各评价要素与它们的下级指标的相关性，利用 Pearson 相关系数的正、负和是否在 0.01 水平（双侧）上显著相关判断相关性。

步骤六：数据回归模型检验。利用多元线性回归模型分析 O2O 服务组合 QoS 的 4 个评价要素与 O2O 服务组合 QoS 感知、客户购买态度及客户购买意向

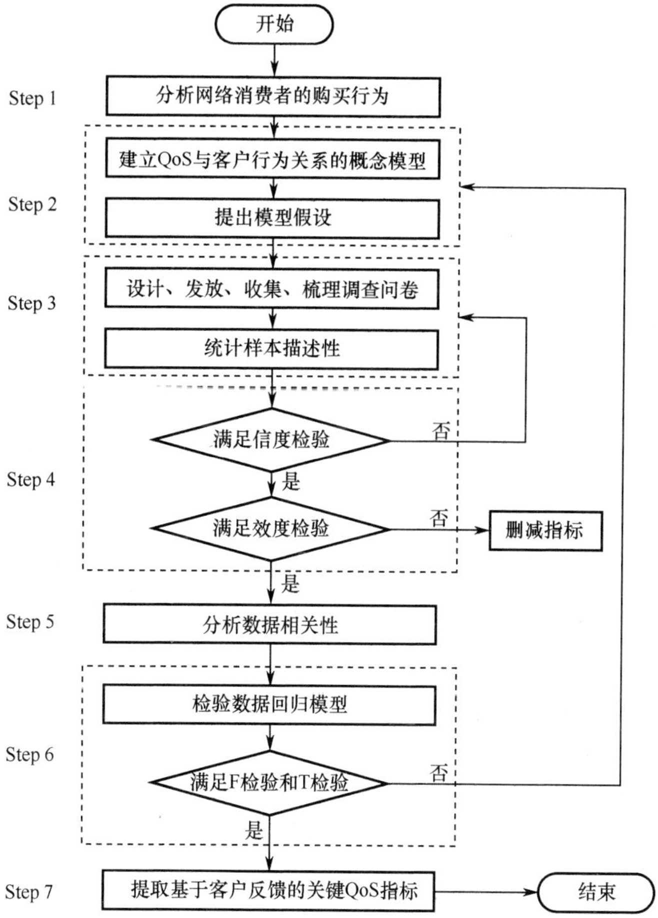

图 5-9　基于客户反馈的关键 QoS 指标提取过程

之间相互依赖的定量关系，利用F检验和T检验验证步骤二中的假设，如果假设验证失败，则需回到步骤二，重新修改概念模型和提出假设，如果验证了原假设，则进入步骤七。

步骤七：基于客户反馈的O2O服务组合关键QoS指标的提取。根据前面各环节的数据，结合实际情况分析并获得关键QoS指标。

2. 关键QoS指标提取

根据5.3.2节的分析，本节提出如图5-10所示的概念模型。

由于客户购买态度及客户购买意向与客户购买决策之间的关系已经被现实检验并得以证明，所以本概念模型不再对其进行检验假设。本概念模型揭示了O2O服务组合QoS的4个评价要素与O2O服务组合QoS之间，以及O2O服务组合QoS感知与客户购买态度及客户购买意向之间的关系。这些关系构成了以下两组核心假设。

（1）第一组假设：O2O服务组合QoS的4个评价要素对O2O服务组合QoS感知的影响。

H1：经济性表现对O2O服务组合QoS感知有直接的正面影响。

H2：网站性能对O2O服务组合QoS感知有直接的正面影响。

H3：客户服务质量对O2O服务组合QoS感知有直接的正面影响。

H4：客户反馈质量对O2O服务组合QoS感知有直接的正面影响。

本组假设用于验证O2O服务组合QoS包含的4个评价要素：经济性表现、网站性能、客户服务质量和客户反馈质量，验证这4个要素是否能够较好地对O2O服务组合QoS进行评估。这里假设各评价要素均对O2O服务组合QoS具有直接的正面影响，即这4个指标越好，O2O服务组合QoS越好。

（2）第二组假设：O2O服务组合QoS的4个评价要素对客户购买态度的影响。

H5：O2O服务组合QoS感知对客户购买态度有直接的正面影响。

H6：O2O服务组合QoS感知对客户购买意向有直接的正面影响。

本组假设用于检验O2O服务组合QoS感知与客户购买态度及客户购买意向之间的关系。这里假设O2O服务组合QoS感知与客户购买态度及客户购买意向之间存在正面影响关系。

接下来，按照关键QoS指标的提取步骤与方法，通过问卷设计、信度与效度检验、数据相关性分析及数据回归模型检验等过程（详细过程略），得到如下结果：在 O2O 服务组合 QoS 指标中，经济性指标对 O2O 服务组合综合 QoS 的影响最大；其次为客户反馈指标；第三为网站性能指标；最后为客户服务指标。

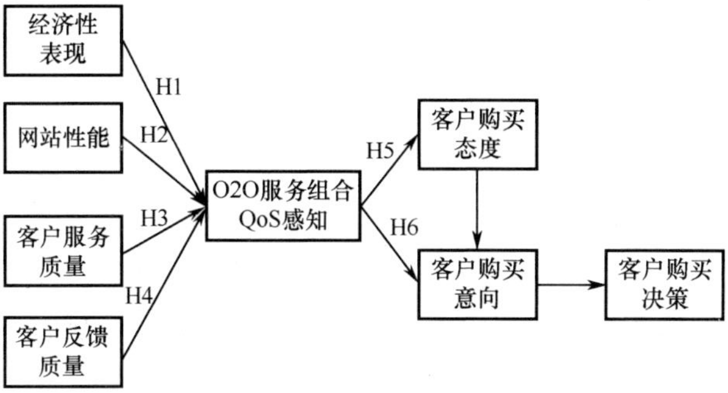

图 5-10　O2O 服务组合 QoS 与客户行为关系的概念模型

根据调研数据，分析汇总如下：

（1）客户对经济性指标中的 O2O 服务组合成本和 O2O 服务组合价格 2 个指标更关注的是后者，更多的客户偏向于选择价格低廉的 O2O 服务组合；

（2）对于客户反馈指标，服务综合满意度、服务描述一致性和服务费用合理度三者对客户选择 O2O 服务组合的影响程度比较接近，因而可视为同等重要；

（3）对于网站性能指标，便捷性没有通过效度检测，剩下的响应时间、信誉度、成功率、可用性 4 个指标按照客户的关注程度从高到低依次为响应时间、成功率、可用性及信誉度，其中，信誉度对客户是否选择 O2O 服务组合的影响性不大；

（4）对于客户服务指标，客户关怀性最被客户关注，剩下的服务安全性、客户服务反应速度及消费等待时间 3 个指标对客户选择 O2O 服务组合的影响程度比较接近。

根据上述分析结果，在基于客户反馈的 O2O 服务组合关键 QoS 指标中去掉服务组合成本及信誉度两项指标，另外，由于客户服务指标在整体上对 O2O 服务组合综合 QoS 的影响最小，所以可将该指标所涵盖的客户关怀性、服务安全性、客户服务反应速度及消费等待时间 4 个指标并入客户反馈指标中的服务综合满意度中。这样，总体来说，基于客户反馈的 O2O 服务组合关键 QoS 指标包括服务组合价格、服务综合满意度、服务描述一致性、服务费用合理度、响应时间、成功率和可用性，如图 5-11 所示。

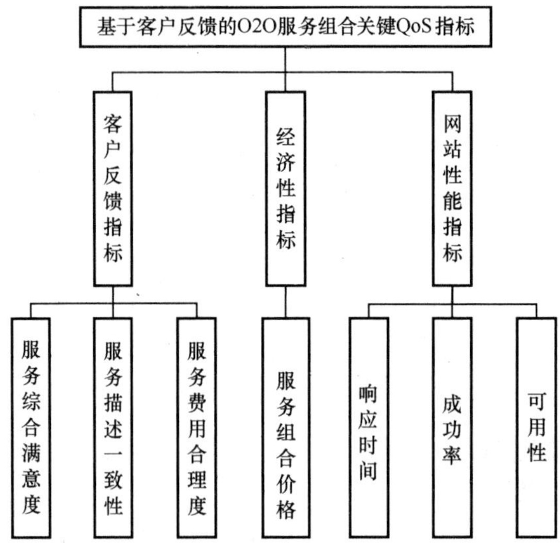

图 5-11 基于客户反馈的 O2O 服务组合关键 QoS 指标

5.4 O2O 服务组合 QoS 指标体系综合评价

在面向协同的 O2O 服务组合关键 QoS 指标体系建立以后，必须选择适当的方法来对其进行综合评价。常用的指标体系评价方法有层次分析法（AHP）及模糊综合评价法等，鉴于在面向协同的 O2O 服务组合关键 QoS 指标体系评价过程中涉及的评价对象很多，且有些指标难以直接用确定的数值来表示的实际情况，本节选择动态模糊综合评价模型完成评价：首先，建立多级动态模糊综合评价模型；然后，进行 O2O 服务组合关键 QoS 指标的无量纲处理；最后，研究 O2O 服务组合关键 QoS 指标权重的确定方法。

5.4.1 多级动态模糊综合评价模型构建

模糊综合评价法由 Eden 于 1965 年提出，该方法以模糊数学理论为基础，通过最大隶属度原则和模糊线性变换原理，考量并综合评价被评价事物的各相关因素。模糊综合评价法的优势在于评价结果的全面性与客观性。

然而，模糊综合评价法的弊端也非常明显。面向协同的 O2O 服务组合关键

QoS 指标体系中的评价指标的特征值往往随着时间的变化发生改变，模糊综合评价法只是将这些指标以常量的形式进行评价，或是利用这些指标在某一时间点的值来进行评价，然后再向整个时间段进行推及。动态模糊综合评价法是对模糊综合评价法进行改进得来的，它以最大隶属度原则和动态模糊变换原理为基础，并考虑了指标值随时间变化的动态性。

如图 5-12 所示为面向协同的 O2O 服务组合关键 QoS 指标体系的多级模糊综合评价模型。利用该模型建立相应的评价矩阵，通过考虑指标权重，可以得到综合评价结果。O2O 服务组合关键 QoS 指标体系的多级模糊动态模糊综合评价以模糊综合评价的单因素评价为基础，对多因素进行综合评价。

根据 O2O 服务组合关键 QoS 指标体系的多级模糊综合评价模型，建立如下所示的三层模糊综合评价指标集。

（1）O2O 服务组合综合 QoS 评价指标：$Q=\{E,W,S,F\}$，其中 E 为经济性指标；W 为网站性能指标；F 为客户反馈指标。

（2）经济性指标：$E=\{E_1\}$，其中 E_1 为服务价格。

（3）网站性能指标：$W=\{W_1,W_2,W_3\}$，其中 W_1 为响应时间；W_2 为成功率；W_3 为可用性。

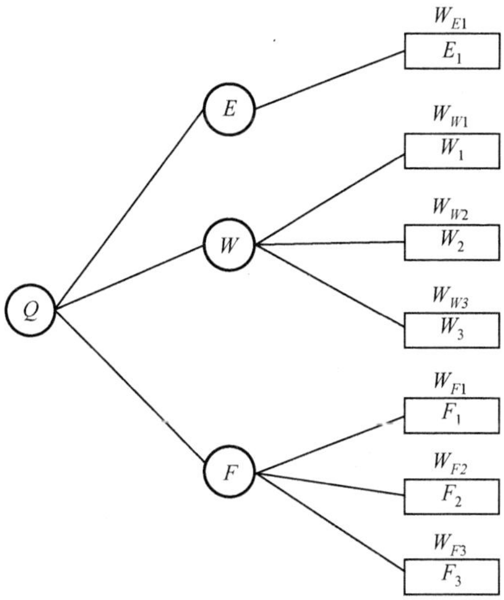

图 5-12　面对协同的 O2O 服务组合关键 QoS 指标体系的多级模糊综合评价模型

（4）客户反馈指标：$F=\{F_1,F_2,F_3\}$，其中 F_1 为服务综合满意度；F_2 为服务描述一致性；F_3为服务费用合理度。

5.4.2 QoS 指标无量纲处理

在5.3节建立的面向协同的O2O服务组合关键QoS指标体系中，各评价指标都有不同的表现形式，有些是绝对数指标（如服务组合成本等），有些是相对数指标（如成功率、可用率等），有些是平均数指标（如客户关怀性、服务费用合理度等）；有些指标是数值越大，会使O2O服务组合综合QoS越高的正指标（如客户服务反应速度、服务综合满意度等），有些指标是数值越大，会使O2O服务组合综合QoS越低的逆指标（如响应时间、消费等待时间等）。正是因为如此，各种不同种类的指标之间不能直接进行简单的对比，必须首先通过无量纲处理的方法解决，再进行综合评价。

无量纲处理就是通过一定的数学变换，对指标体系中各指标的数值进行标准化、正规化处理的过程，通过这种方式可把各种不同种类的指标转化成可用来进行综合评价的量化值，达到消除指标量纲影响的目的。直线型去量纲处理方法是常被采用的方法之一，但这种方法对各种指标函数的变化趋势考虑不足，且由于正指标和逆指标往往同时存在于一个完整评价体系中，所以直线型处理方法无法体现各指标的实际意义。

根据模糊层次分析法的步骤，首先建立O2O服务组合服务质量评价集V，采用很好（V_1）、较好（V_2）、中等（V_3）、较差（V_4）及很差（V_5）五个等级评价集，即评价集为$V=\{V_1,V_2,V_3,V_4,V_5\}$。

隶属函数是对模糊概念的定量描述，本节利用隶属函数分别对正指标和逆指标做无量纲化处理。首先对各指标的实际数值（x_k）进行调研，得到的x_k为第k项指标的原始值，然后以定量指标所使用的第k项指标评分值中的最大值（$x_{k\max}$）和最小值（$x_{k\min}$）为标准，通过以下模糊量化模型对各正指标和逆指标进行无量纲化处理，将各指标的原值转换成无量纲后的值$Q(x)$。

以下分别为对正指标和逆指标进行模糊量化的模型。

1. 正指标模糊量化模型

正指标对O2O服务组合综合QoS的影响随其结果的递增而递增，模糊隶属度函数为评价结果的严格单调递增函数。本章构建的面向协同的 O2O 服务组合关键 QoS 指标体系中的正指标包括成功率、可用性、服务综合满意度、服务描述一致性及服务费用合理度等。相应的模糊量化模型如式（5-16）所示：

$$Q(x)=\begin{cases}0 & x\leqslant x_{k\min}\\ \dfrac{1}{2}+\dfrac{1}{2}\sin\dfrac{\pi}{x_{k\max}-x_{k\min}}\left(x_k-\dfrac{x_{k\max}+x_{k\min}}{2}\right) & x_{k\min}<x<x_{k\max}\\ 1 & x\geqslant x_{k\max}\end{cases}\tag{5-16}$$

2. 逆指标模糊量化模型

逆指标对 O2O 服务组合综合 QoS 的影响随其结果的递增而递减，模糊隶属度函数为评价结果的严格单调递减函数。本章构建的面向协同的 O2O 服务组合关键 QoS 指标体系中的逆指标包括服务价格及响应时间等。相应的模糊量化模型如式（5-17）所示：

$$Q(x)=\begin{cases}1 & x\leqslant x_{k\min}\\ \dfrac{1}{2}-\dfrac{1}{2}\sin\dfrac{\pi}{x_{k\max}-x_{k\min}}\left(x_k-\dfrac{x_{k\max}+x_{k\min}}{2}\right) & x_{k\min}<x<x_{k\max}\\ 0 & x\geqslant x_{k\max}\end{cases}\tag{5-17}$$

由于 5.3 节所建指标体系的各指标都为定量指标，所以可直接根据以上公式对所有指标进行无量纲处理。然后再根据以下公式分别求出各正指标和逆指标对评价等级的隶属度。

正指标对评价等级的隶属度计算公式为

$\alpha_1(\mu)=\mathrm{e}^{-25(q-0/4)(q-0/4)\ln 2}$，$\alpha_2(\mu)=\mathrm{e}^{-25(q-1/4)(q-1/4)\ln 2}$，

$\alpha_3(\mu)=\mathrm{e}^{-25(q-2/4)(q-2/4)\ln 2}$，$\alpha_4(\mu)=\mathrm{e}^{-25(q-3/4)(q-3/4)\ln 2}$，

$\alpha_5(\mu)=\mathrm{e}^{-25(q-4/4)(q-4/4)\ln 2}$

逆指标对评价等级的隶属度计算公式为

$\alpha_1(\mu)=\mathrm{e}^{-25(q-4/4)(q-4/4)\ln 2}$，$\alpha_2(\mu)=\mathrm{e}^{-25(q-3/4)(q-3/4)\ln 2}$，

$\alpha_3(\mu)=\mathrm{e}^{-25(q-2/4)(q-2/4)\ln 2}$，$\alpha_4(\mu)=\mathrm{e}^{-25(q-1/4)(q-1/4)\ln 2}$，

$\alpha_5(\mu)=\mathrm{e}^{-25(q-0/4)(q-0/4)\ln 2}$

在以上计算公式中，q 为各指标无量纲化的值。计算得到的隶属函数再通过归一化处理得到各指标的定量计算结果。

5.4.3 QoS 指标权重分配

利用层次分析法对各级指标相对于上一层指标的权重进行分配。首先采用专家调查法，为专家发放专家调查表，见表 5-1，该表为 O2O 服务组合 QoS 指标的权重评价表（每个二级指标都对应一张调查表）。该表采用分等评分的方法，将评分分为 1～9 九个等级，分别表示第一个指标与第二个指标相比之下重要程度从同等重要到重要得多的不同等级，数字越大，表明相对重要性越高。倒数形式则表示第二个指标与第一个指标相比之下的重要程度。

表 5-1 O2O 服务组合 QoS 指标的权重评价表

将指标两两对比打分（填数字），“—”表示“不填”			
Q	*E*	*W*	*F*
E	1		
W	—	1	
F	—	—	1

权重评价表的关键在于通过指标之间的两两相对重要性进行定量描述。通过调查表对同一层的指标的相对重要性进行两两对比打分之后，可建立判断矩阵 $\boldsymbol{M}$：

$$\boldsymbol{M}=\begin{bmatrix} r_{11} & r_{12} & \cdots & r_{1n} \\ r_{21} & r_{22} & \cdots & r_{2n} \\ \cdots & \cdots & \cdots & \cdots \\ r_{n1} & r_{n2} & \cdots & r_{nn} \end{bmatrix}$$

式中，r_{ij} 表示 r_i 对 r_j 的相对重要性数值；n 为指标的个数。

然后通过对判断矩阵进行求解和一致性检验，得出各指标的相应权重值。由于 O2O 服务组合关键 QoS 指标体系中各指标间的相对重要程度比较模糊，如果仅靠判断不能完全满足一致性，这时最大特征根 $\lambda_{\max}>n$，所以可用 $\lambda_{\max}-n$ 进行一致性检验。$\lambda_{\max}-n$ 的值与除 $\lambda_{\max}$ 之外的 $n-1$ 个特征根的总和相等。用 CI 作为一致性检验的标度，则有：

$$\mathrm{CI}=\frac{\lambda_{\max}-n}{n-1}$$

CI 值越小，一致性程度则越高。由于一致性不完全满足是随机原因所导致的，所以在对判断矩阵进行一致性检验时，需要比较 CI 与平均随机一致性标度 RI，计算出检验数 CR，计算公式如下：

$$CR = \frac{CI}{RI} \tag{5-18}$$

式中，RI 与判断矩阵 $\boldsymbol{M}$ 的阶数相关，一般情况下，$\boldsymbol{M}$ 的阶数越高，越容易出现一致性的随机偏离。一般认为，当 $CR < 0.1$ 时，判断矩阵具有满意的一致性，矩阵 $\boldsymbol{M}$ 的不一致程度在容许范围内，可以用其特征向量作为其权重向量。

5.4.4　O2O 服务组合 QoS 计算方法

在 O2O 组合服务的 QoS 属性计算中，除了要对组合方案中每一个单独的服务提供商的 QoS 属性进行计算外，还需要在综合计算时基于整个组合方案进行整体 QoS 的计算，而这种计算时采取的计算方法除了与采取的服务选择策略有关外，还与组合方案的服务组成结构有关。总体来说，目前基于 QoS 属性的服务选择策略有局部最优策略和全局最优策略两种。

1. 局部最优策略

局部最优策略实际上就是为服务组合方案中的各个任务单独选择 QoS 最优的具体服务提供商，然后将各个部分 QoS 最优的服务提供商组合起来，而不考虑任务间的影响，一般采用简单加权（Simple Additive Weighting，SAW）和多属性决策（Multiple Criteria Decision Making，MCDM）的方法。

2. 全局最优策略

与局部最优策略着眼于单独的任务不同，采用全局最优策略则是从整个组合方案的角度来选择最优的一个方案，是为了使组合方案的整体 QoS 属性值最优。因此在全局最优策略中，不能仅考虑当前任务的 QoS 计算，还需要考虑各个任务节点聚合后的综合 QoS 评价值，从而使组合方案整体的 QoS 能满足限制条件。相对于局部最优策略而言，全局最优策略更加科学。因此，这里采用全局最优策略。

在全局最优策略中，不同的服务组合结构会使组合服务的 QoS 计算方法不同。在 1.1 节中已经说明，根据任务间逻辑关系的不同，存在四种结构的 O2O 线上服务组合：顺序结构（Sequence）、并行结构（Parallel Split）、选择结构（Exclusive

Choice）及循环结构（Arbitrary Cycles）。在四种结构下的组合服务 QoS 计算中，N 表示任务数量；p_i 表示选择结构中服务 s_i 的执行概率，且满足 $\sum_{i=1}^{N} p_i = 1$；n 表示循环次数。不同结构下的组合 QoS 计算方法如表 5-2 所示。

表 5-2　不同结构下的组合 QoS 计算方法

		服务组合结构			
		顺序结构	并行结构	选择结构	循环结构
网上服务质量属性	服务组合价格（Price）	$\sum_{i=1}^{N} Q_{\text{Price}}(s_i)$	$\sum_{i=1}^{N} Q_{\text{Price}}(s_i)$	$\sum_{i=1}^{N} p_i * Q_{\text{Price}}(s_i)$	$n \times Q_{\text{Price}}(s_i)$
	响应时间（Duration）	$\sum_{i=1}^{N} Q_{\text{Duration}}(s_i)$	$\text{MAX}_{i=1}^{N} Q_{\text{Duration}}(s_i)$	$\sum_{i=1}^{N} p_i * Q_{\text{Duration}}(s_i)$	$n \times Q_{\text{Duration}}(s_i)$
	成功率（Successful Rate）	$\prod_{i=1}^{N} Q_{\text{Successful}}(s_i)$	$\prod_{i=1}^{N} Q_{\text{Successful}}(s_i)$	$\sum_{i=1}^{N} p_i * Q_{\text{Successful}}(s_i)$	$Q_{\text{Successful}}{}^{n}(s_i)$
	可用性（Availability）	$\prod_{i=1}^{N} Q_{\text{Availability}}(s_i)$	$\prod_{i=1}^{N} Q_{\text{Availability}}(s_i)$	$\sum_{i=1}^{N} p_i * Q_{\text{Availability}}(s_i)$	$Q_{\text{Availability}}{}^{n}(s_i)$
网下服务质量属性	服务综合满意度（Satisfaction）	$\sum_{i=1}^{N} Q_{\text{Satisfaction}}(s_i)/N$	$\sum_{i=1}^{N} Q_{\text{Satisfaction}}(s_i)/N$	$\sum_{i=1}^{N} Q_{\text{Satisfaction}}(s_i)/\mathbf{N}$	$Q_{\text{Satisfaction}}(s_i)$
	服务描述一致性（Conformity）	$\sum_{i=1}^{N} Q_{\text{Conformity}}(s_i)/N$	$\sum_{i=1}^{N} Q_{\text{Conformity}}(s_i)/N$	$\sum_{i=1}^{N} p_i * Q_{\text{Conformity}}(s_i)$	$Q_{\text{Conformity}}(s_i)$
	服务费用合理度（Rationality）	$\sum_{i=1}^{N} Q_{\text{Rationality}}(s_i)/N$	$\sum_{i=1}^{N} Q_{\text{Rationality}}(s_i)/N$	$\sum_{i=1}^{N} p_i * Q_{\text{Rationality}}(s_i)$	$Q_{\text{Rationality}}(s_i)$

基于上述描述，建立QoS感知的组合服务选取的数学模型的主要思想是，在既定的成本约束下，使总的服务组合方案 QoS 最优。

用数字 1～6 分别表示 QoS，1=响应时间（Execution Duration）；2=成功率（Auccessful Rate）；3=可用性（Availability）；4=服务综合满意度（Satisfaction）；5=服务描述一致性（Conformity）；6=服务费用合理度（Rationality）。因为总服务价格将作为服务组合过程中的约束条件，所以服务价格不参与组合服务 QoS 的计算。

对于一些质量属性，如成功率及可用性等，其值越大，质量越大，因此它们属于增量型指标。而对于响应时间，其值越大，质量越低，因此它属于减量型指标。为了消除组合服务质量中各属性变化的不一致性，分别采用式（5-19）和式（5-20）对增量型和减量型指标进行计算：

$$q=\begin{cases}\dfrac{q_0-q_{\min}}{q_{\max}-q_{\min}} & q_{\max}-q_{\min}\neq 0\\ 1 & q_{\max}-q_{\min}=0\end{cases} \tag{5-19}$$

$$q=\begin{cases}\dfrac{q_{\max}-q_0}{q_{\max}-q_{\min}} & q_{\max}-q_{\min}\neq 0\\ 1 & q_{\max}-q_{\min}=0\end{cases} \tag{5-20}$$

每个服务提供商可通过式（5-21）得到其综合质量得分：

$$\text{score}=\sum_{k=1}^{6}(q_k * W_k) \tag{5-21}$$

式中，W_k 代表每个质量属性所对应的权重，$W_k\in[0,1]$ 且 $\sum_{k=1}^{6}W_k=1$。

假设一个服务组合由 n 个任务组成，对于每一个任务 $S_i(i=1,2,\cdots,n)$，都有一系列的服务提供商 $S_{ij}(j=1,2,\cdots,m)$ 可执行该任务。其中任务 $S_i(i=1,2,\cdots,u)$ 顺序执行；任务 $S_i(i=u+1,u+2,\cdots,v)$ 并行执行；任务 $S_i(i=v+1,v+2,\cdots,n)$ 选择执行，其中 $1<u<v<n$；因为循环结构可视作顺序结构的重复，故不再单独讨论。

引入二进制变量 y_{ij}，当服务提供商 s_{ij} 被选择来执行服务时其值为 1，否则为 0；q_{ij_k} 表示 S_{ij} 关于第 k 个 QoS 属性的取值，则顺序结构（Sequence）的组合 QoS 可表示为

$$\text{QoS}_{\text{Sequence}}=\sum_{k=1}^{6}\left[w_k*\left(\sum_{j=1}^{m}\sum_{i=1}^{u}q_{ij_k}*y_{ij}\right)\right] \tag{5-22}$$

在并行结构中，只有 QoS 属性中响应时间的组合计算方法与顺序结构不同，其余 QoS 属性的组合计算方法与顺序结构相同。因此，并行结构（Parallel Split）的组合 QoS 可表示为

$$\text{QoS}_{\text{Parallel}}=w_1*\left[\max\left(\sum_{j=1}^{m}\sum_{i=u+1}^{v}q_{ij_1}*y_{ij}\right)\right]+\sum_{k=2}^{6}\left[w_k*\left(\sum_{j=1}^{m}\sum_{i=u+1}^{v}q_{ij_k}*y_{ij}\right)\right] \tag{5-23}$$

选择结构（Exclusive Choice）的组合 QoS 可表示为

$$\text{QoS}_{\text{Exclusive}}=\sum_{k=1}^{6}\left[w_k*\left(\sum_{j=1}^{m}\sum_{i=v+1}^{n}p_i*q_{ij_k}*y_{ij}\right)\right] \tag{5-24}$$

式中，p_i 表示选择结构中任务 S_i 被选择的概率，$p_i\in[0,1]$ 且 $\sum_{i=1}^{N}p_i=1$。

组合服务的总 QoS 值可表示为 $\mathrm{QoS}_{\mathrm{total}} = \mathrm{QoS}_{\mathrm{Sequence}} + \mathrm{QoS}_{\mathrm{Parallel}} + \mathrm{QoS}_{\mathrm{Exclusive}}$。

组合服务的总成本为

$$C_{\mathrm{total}} = \sum_{j=1}^{m}\sum_{i=1}^{n} Q_{\mathrm{Price}_{ij}} * y_{ij} \tag{5-25}$$

因此，组合服务模型的目标函数可表示为

$$\mathrm{QoS}_{\mathrm{total}} = \mathrm{QoS}_{\mathrm{Sequence}} + \mathrm{QoS}_{\mathrm{Parallel}} + \mathrm{QoS}_{\mathrm{Exclusive}} = w_1 * \left[\max\left(\sum_{j=1}^{m}\sum_{i=u+1}^{v} q_{ij_1} * y_{ij}\right)\right] + w_1 * \left(\sum_{j=1}^{m}\sum_{i=1}^{u} q_{ij_1} * y_{ij}\right) + \sum_{k=2}^{6}\left[w_k * \left(\sum_{j=1}^{m}\sum_{i=1}^{v} q_{ij_k} * y_{ij}\right)\right] + \sum_{k=1}^{6}\left[w_k * \left(\sum_{j=1}^{m}\sum_{i=v+1}^{n} p_i * q_{ij_k} * y_{ij}\right)\right] \tag{5-26}$$

约束条件表示为

$$\begin{cases} \sum_{j=1}^{m} y_{ij} = 1, \forall i \in (1,2,\cdots,n) \\ y_{ij} = 1\text{或}0 \\ C_{\mathrm{total}} = \sum_{j=1}^{m}\sum_{i=1}^{n} Q_{\mathrm{Price}_{ij}} * y_{ij} \leqslant P, P > 0 \end{cases}$$

式中，W_k 和 p_i 均为已知数据，$W_k \in [0,1]$ 且 $\sum_{k=1}^{6} W_k = 1$，$p_i \in [0,1]$ 且 $\sum_{i=1}^{N} p_i = 1$。

以上目标函数代入数据后可转化为整数规划模型，可采用 MATLAB 软件或 Lingo 软件计算求解。

第 6 章　面向协同的 O2O 服务组合市场决策

6.1　服务匹配的基本框架

在通常情况下，服务请求者的需求存在多个层次。以网上酒店预定服务为例，有的客户只要求满足基本的入住条件；而有的客户则除了基本条件之外，对退房时间及交通状况等也有要求；还有的客户会进一步对酒店的知名度及酒店提供的服务是否达到预期等提出要求。因此，当进行服务匹配时，需要对不同客户进行充分地了解，以体现服务的个性化。

本章提出综合描述 O2O 服务组合的方式，并在用本体语言 OWL 进行功能描述和用 UDDI 进行质量描述的基础上，进一步定义多层服务匹配规则，如基于本体匹配的服务功能查找和基于属性值匹配的服务质量查找等，并在不改变 WSDL、UDDI 及 SOAP 等协议规范的情况下，通过中间件来实现支持 QoS 的 O2O 服务组合发现，最终在此基础上建立起服务匹配基本框架，如图 6-1 所示。

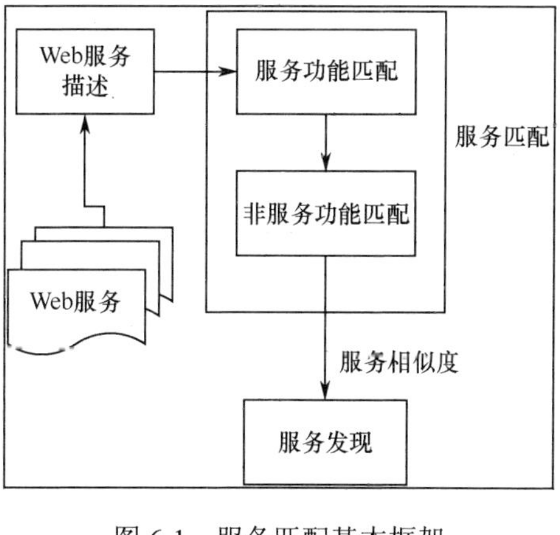

图 6-1　服务匹配基本框架

从图 6-1 中可以看到，服务进行匹配筛选是从两个层次来进行的，首先是基于服务功能的匹配，然后是基于非服务功能（QoS）的匹配，各层采用不同的匹配算法来实现。

6.1.1 功能相似度计算

林满山提出了基于服务功能匹配的方法，该方法通过与本体中的类相关联来描述服务功能的语义，实现语义匹配的基础。其功能相似度算法如图 6-2 所示。

$$F_{\text{sim}}(\text{Ps},\text{Rs}) = u_1\text{sim}(\text{Ps.Pins},\text{Rs.Rins}) + u_2\text{sim}(\text{Ps.Pous},\text{Rs.Rous}) + u_3\text{sim}(\text{Ps.Pprs},\text{Rs.Rprs}) + u_4\text{sim}(\text{Ps.Pes},\text{Rs.Res})$$

$F_{\text{sim}}(\text{Ps},\text{Rs})$ 函数用于计算所提供服务和用户服务请求的相似度，计算服务功能性特征(IOPE)的匹配度，计算结果是 0 到 1 之间的实数值。其中 Ps (Provider of service)表示服务提供方； Rs (Request of service）表示服务需求方。

$F_{\text{sim}}(\text{Ps},\text{Rs})$ 求出的相似度由以下 4 个方面的相似度构成。

（1）sim(Ps.Pins, Rs.Rins) 表示所提供的服务和请求服务输入参数之间的相似度。式中的 sim() 是相似度函数； Ps.Pins 表示服务提供者 Rs (Provider of service）输入参数的集合 Pins ； Rs.Rins 表示服务请求者 Rs (Request of service）输入参数 Rins 的集合。

（2）sim(Ps.Pous, Rs.Rous) 表示所提供的服务和请求服务输出参数之间的相似度。式中的 sim() 是相似度函数； Ps.Pous 表示服务提供者 Ps 输出参数的集合 Pous ； Rs.Rous 表示服务请求者 Rs 输出参数 Rous 的集合。

（3）sim(Ps.Pprs, Rs.Rprs) 表示所提供的服务和请求服务前提条件参数之间的相似度。式中的 sim() 是相似度函数； Ps.Pprs 表示服务提供者 Ps 前提条件参数的集合 Pprs ； Rs.Rprs 表示服务请求者 Rs 前提条件参数 Rprs 的集合。

（4）sim(Ps.Pes, Rs.Res) 表示所提供的服务和请求服务结果影响参数之间的相似度。式中的 sim() 是相似度函数； Ps.Pes 表示服务提供者 Ps (Provider of service）结果影响参数的集合 Pes ； Rs.Res 表示服务请求者 Rs (Request of service）结果影响参数 Rs.Res 的集合。

整体相似度是指对以上 4 部分加权求和， u_1,u_2,u_3,u_4 分别是输入集合、输出集合、前提条件集合及结果影响集合的权值，这四个参数都是本体中的概念而不是原子数据类型。

图 6-2 功能相似度算法

通过上述算法计算出的功能相似度 $F_{\text{sim}}(\text{Ps},\text{Rs})$ 越大，表明客户的服务要求和服务的实际功能之间越接近，也表明服务从功能上满足客户的程度越高；反之，两者在功能上越背离，服务在功能上满足客户的程度越低。

6.1.2　质量相似度计算

有的服务在功能上能够满足客户的需求，但在质量上却不一定能够满足客户的需求，如有的响应时间过长、有的服务声誉不好或可靠性不佳等。在服务市场竞争日趋激烈的今天，同类功能的服务越来越多，为了帮助客户剔除那些过时的或信誉度不好的服务，服务质量信息匹配对客户选择合适服务而言显得日益重要。因此，本节提出服务质量相似度算法，如图 6-3 所示。

质量相似度算法

输入：QoS 指标 I，客户的 QoS 需求值 V，服务的 QoS 发布值 A

输出：质量相似度 similarity(I，V，A)

```
If  I 是非叶子指标 Then        //对非叶子指标，不用提供 V 和 A
    sim=0;                     // sim 是相似度
    For  subclass ∈ I          //subclass 是 I 的子指标
        sim=sim+similarity(subclass)*weight;//weight 为指标 subclass 相对于上级指标的权重
    Endfor
Else
    计算客户需求和服务发布在叶子指标上的相似度
Endif
Return  sim;
```

图 6-3　服务质量相似度算法

通过上述算法计算的质量相似度越大，表明客户的服务质量要求和服务的实际质量之间越接近，服务在质量上满足客户的程度越高；反之，如果质量相似度越小，则两者在质量上越背离，服务在质量上满足客户的程度越低。此外，在本算法中，服务提供商只需要发布 QoS 指标体系中最底层指标（叶子指标）的值，对非叶子指标而言，其相似度是根据对其下级指标及各下级指标的权重进行加权求和得到的。

6.2 客户选择行为

在 Revelle 提出的市场份额最大化选址模型中，是假定客户的需求平分到几个距离相等的竞争设施上的，而事实上客户并非都将其需求量分配到一个设施或平分到几个设施上，而是基于效用最大化原则将不同的需求分配到不同的设施上，即按照不同需求选出对自己效用最大的设施。要考虑客户的效用最大化原则，则要充分考虑客户的自主选择行为。

目前，经济学研究中常用 Logit 模型来研究行为主体的选择行为，该模型（Logit model）是离散选择法模型之一，属于多重变量分析范畴，是社会学、生物统计学、临床、数量心理学、计量经济学及市场营销等统计实证分析的常用方法。Logit 模型认为客户的选择行为或结果是由于许多因素共同作用而造成的，但实际上不可能观测到所有这些因素，只能预测这些因素出现的概率。例如，把观测到的因素记为 x，把观测不到的因素处理为随机向量 ε，于是最一般意义上的行为函数就是 $y = h(x,\varepsilon)$，即在能够观测到的因素 x 下，某一行为出现的概率是符合行为函数的随机向量 ε 的概率。

6.2.1 客户选择行为的 Logit 效用函数

假设进行新设施选址时，客户到设施的距离是未知的，而其他影响因素都是已知的，则客户选择新设施的概率就是距离的函数。如果设施 i 带给客户的效用大于设施 j 带给客户的效用，该客户的选择必定就是设施 i，其 Logit 效用函数表示为

$$\begin{aligned} P_i &= P\{U_i > U_j, j \neq i\} \\ &= P\{u_i + \varepsilon_i > u_j + \varepsilon_j, j \neq i\} \\ &= \{\varepsilon_j < u_i - u_j + \varepsilon_i, j \neq i\} \\ &= \int_{e_i} F\{u_i - u_j + \varepsilon_i, j \neq i\} f_i(y)\mathrm{d}y \end{aligned} \tag{6-1}$$

式中，u_i 和 u_j 是可以观测到的效用值；而 ε_i 和 ε_j 是不能观测到的效用值。假定效

用模型中的随机扰动项 ε_i 和 ε_j 是服从 Gumbel 分布的独立同分布随机变量，其密度函数和分布函数分别是：

$$\begin{aligned} f(\varepsilon_{ij}) &= \exp(-\varepsilon_{ij})\exp(-\exp(-\varepsilon_{ij})) \\ F(\varepsilon_{ij}) &= \exp(-\exp(-\varepsilon_{ij})) \end{aligned} \tag{6-2}$$

结合公式的推导及模拟计算的结果验证，可以证明 $P(d)=\dfrac{1}{1+\mathrm{e}^{f(d)}}$ 成立，当存在多个选择项（k=2，k=3）和存在一个选择项（k=1）时，$P(d)$ 的图形分布基本相同，这说明它们具有相同的规律。林满山等人将 $f(d)$ 表示成关于 d 的二次函数，对于已有 k 个设施的市场，$f(d)$ 可表示成 $f(d)=\gamma+\alpha d+\beta d^2$，其中 α 和 β 是待估值，则选择新设施的概率为 $P(d)=\dfrac{1}{1+\mathrm{e}^{f(d)}}=\dfrac{1}{1+\mathrm{e}^{\gamma+\alpha d+\beta d^2}}$。这样就表示出了客户选择某个项目的关于某一距离的概率。只要能求出 α、β 及 γ 的值，就可以求出对应同距离选择新设施的概率。

6.2.2 选择设施的概率

当有多个可选设施时，客户会根据每个设施为自己带来的效用来进行选择，并以一定的概率选择某个设施。文献[146]把受多个因素影响的效用函数转换成了距离的函数：当某个新设施与另一个已存在的设施效用相等时，即 $U_i(d)=U_j$ 时，求出的距离 d 就是客户愿意在新旧设施之间选择新设施 i 所能容忍的最大距离 Δ。同样可以计算出设施 i 相对于所有其他设施所能容忍的最大距离，则设施 i 相对于所有其他设施可容忍的最大距离中的最小值，即 $D_i=\min\limits_{1\leqslant j\leqslant k}\{\Delta_{ij}\}$。

同理，当效用函数 $U=F(d,x_2,\cdots,x_m)$ 中的其他影响因素 $x_2,\cdots,x_m$ 是已知的时，效用函数 U 就成了 d 的函数 $U_i(d)$。如果设施 i 的效用大于设施 j，客户会选择该设施，即 $U_i(d)>U_j$。这样求出的距离就是设施 i 所能容忍的最大距离 Δ。

一般的 Logit 效用函数可以变换成：

$$\frac{\mathrm{e}^{U_i(d)/\rho}}{\sum\limits_{g}\mathrm{e}^{U_j/\rho}}=\frac{\mathrm{e}^{U_i(d)/\rho}}{\mathrm{e}^{U_{j_i}/\rho}+\sum\limits_{g(j\neq j_i)}\mathrm{e}^{U_j/\rho}}=\frac{1}{1+\sum\limits_{g(j\neq j_i)}\mathrm{e}^{U_j/\rho}} \tag{6-3}$$

其中 $U_{j_i}=U_i(d)$，也就是说，当设施 i 改变距离时，必定会有与某个其他设施 j_i 效用相等的情况。$\sum\limits_{g(j\neq j_i)}\mathrm{e}^{U_j/\rho}$ 是指除去设施 j_i 的其他设施的效用函数关系式，

当设施 i 的距离 d 一定时，$\sum\limits_{g(j\neq j_i)} e^{U_j/\rho}$ 也是不变的，但是设施 i 的效用 $U_i(d)$ 会随着 d 的变化而变化，从而引起 $u_j(j\neq j_i)$ 的变化，以及 $\sum\limits_{g(j\neq j_i)} e^{u_j/\rho}$ 的改变。换句话说，$\sum\limits_{g(j\neq j_i)} e^{u_j/\rho}$ 也随着 d 的改变而改变，因此可以把 $u_j(j\neq j_i)$ 表示成关于 d 的函数 $\xi(d)$，将 ρ 取某个具体的数字，则 $\sum\limits_{g(j\neq j_i)} e^{\xi(d)/\rho}$ 也可表示成关于 d 的函数，用 $e^{f(d)}$ 表示。这样式（6-3）就转化成 $1/(1+e^{f(d)})$，即：

$$P(d)=\frac{1}{1+e^{f(d)}} \tag{6-4}$$

即客户选择新设施的概率 $P(d)$ 取决于客户到新旧设施距离的函数 $f(d)$。

基于以上分析，本节提出了一个竞争市场中的服务组合选择模型，该模型认为客户是以概率的形式选择服务组合产品的，因此服务组合方案应该最大可能地满足客户的选择；与此同时，功能类似的服务组合方案达到一定数量时会产生规模效应，这可能会导致客户增大选择该类服务组合方案的概率，该模型通过引入需求增长率和距离折扣率两个参数来反映由服务组合功能聚集引起的规模效应。该模型的目标函数主要体现出两方面的竞争因素：一方面是所开发服务组合产品与对手的竞争；另一方面是所开发服务组合产品与本方相似服务组合的竞争。因此，我们建立的优化模型包含两个目标函数：一个是新开发产品的市场效益最优；另一个是新产品对原有市场份额的侵蚀最小。该模型基于最大市场份额模型，但又大大扩展了该模型。

6.3 O2O服务组合市场模型

6.3.1 考虑聚集效应的客户效用函数

假设原有市场上已经存在 m 个服务组合产品，假定服务组合 j 对客户 i 的效用函数，也就是吸引力函数为

$$u_{ij}=a_j(d_{ij}+1)^{-\alpha} \tag{6-5}$$

式中，a_j 表示服务组合产品 i 的吸引系数；d_{ij} 表示客户需求 i 到服务组合 j 的语

义距离。

假定 A 公司（以下是以 A 公司的视角来进行研究的）拟发布的新服务产品与市场中已经存在的某个服务组合产品类似，则两者之间除了竞争关系之外，还会出现由于服务产品聚集而产生的规模效应。某种服务产品的聚集，即某种服务产品的流行会对客户产生更大的影响力和吸引力。假定客户需求对某种服务组合产品的语义距离为 d，当市场中出现多种与该服务组合产品相似的产品时，即可认为市场存在该类服务产品的聚集，那么客户到该类服务产品的语义距离相当于在原来距离上有一个折扣 θ，而且聚集效应越明显，折扣率 θ（$0 \leqslant \theta \leqslant 1$）越大，即语义距离 $(1-\theta)d$ 变得越小。同理，由于服务组合产品的聚集，可能会优化服务的推广效果和服务资源，降低客户的决策时间和效用，扩大该类服务组合产品的客户人群。假定需求的增长率为 β（$\beta \geqslant 0$），在引力模型（6-5）的基础上，合并考虑聚集效应系数，客户 i 的效用函数转换如下：

$$u'_{ij} = a_j(1+\beta)(d_{ij}\theta+1)^{-\alpha} \tag{6-6}$$

设 C 是市场中与 A 公司存在竞争关系的服务产品，R 是 A 公司可能推出的候选服务产品。A 公司拟新推出的服务组合方案将出现在 $E = C \cup R$ 中，也就是说，新推出的服务产品既可以跟市场上的某竞争服务产品（属于 C）相似，也可以从可能推出的候选服务产品（属于 R）中选择，即新产品所获得的市场份额既可能从现有的竞争产品份额中抢占，也可能从潜在市场扩张中获得。

因此，客户 i 的效用函数为

$$u'_{ix} = a_x(1+\beta)(d_{ix}\theta+1)^{-\alpha} \quad (x \in C \cup R) \tag{6-7}$$

定义 6-1 服务的概率函数

u_i 是 A 公司在推出新产品之前，现有服务组合产品 j（$j \in S \cup C$）对客户 i 的总效用：

$$u_i = \sum_{j \in S \cup C} u_{ij} \tag{6-8}$$

根据重力模型，描述的 i 类消费者选择服务组合 j 的概率为

$$\frac{u_{ij}}{u_i} \tag{6-9}$$

加入新的服务组合产品之后，所有市场上的服务组合对 i 类客户的总效用为

$$u'_i = u_i + \sum_{x \in C \cup R} u_{ix} \tag{6-10}$$

同理，推出新的服务组合产品之后，i 类客户选择服务组合 j 的概率为

$$\frac{u_{ij}}{u'_i} \tag{6-11}$$

定义 6-2 需求函数

根据 Berman 提出的竞争设施选址模型，本节引用了指数需求函数，为

$$r(u_i)=1-\exp(-\lambda u_i) \tag{6-12}$$

$r(u_i)$ 表示处于 i 点消费者的需求，由于其二阶导函数小于零恒成立，所以需求函数 $r(u_i)$ 为凹函数。

引理 6-1：若 $r(u_i)$ 为区间 s 上的凹函数，则对 s 上的任意三点 $u_1<u_2<u_3$，有

$$\frac{r(u_2)-r(u_1)}{u_2-u_1} \geqslant \frac{r(u_3)-r(u_1)}{u_3-u_1} \tag{6-13}$$

证明：记 $\rho=\dfrac{u_2-u_1}{u_3-u_1}$，则 $u_2=\rho \cdot u_3+(1-\rho)u_1$，由凹函数特性得

$$\begin{aligned} r(u_2) &= r[\rho \cdot u_3+(1-\rho)u_1] \\ &\geqslant \rho \cdot r(u_3)+(1-\rho)r(u_1) \\ &= \frac{u_2-u_1}{u_3-u_1}r(u_3)+\frac{u_3-u_2}{u_3-u_1}r(u_1) \end{aligned} \tag{6-14}$$

从而有

$$(u_3-u_1)r(u_2) \geqslant +(u_2-u_1)r(u_3)+(u_3-u_2)r(u_1) \tag{6-15}$$

$$(u_3-u_1)r(u_2) \geqslant +(u_2-u_1)r(u_3)+(u_3-u_1)r(u_1)-(u_3-u_1)r(u_1) \tag{6-16}$$

整理得式（6-13）。

引理 6-2：Berman 提出，S 为已存设施集合，当选址集为 S 时，D_s（S）表示由 S 中的设施 s 截取的整个需求且有

$$D_s(S)=\sum_{i \in N} g_i(\sum_{j \in S} u_{ij}) \to \sum_{j \in S} u_{ij} \tag{6-17}$$

曹悦认为需求函数是凹函数，市场上的新增服务组合产品会带来市场扩张的影响，但不能克服现有服务产品市场份额的丢失。因此，一个服务集成企业在推出新的服务组合产品时，必须考虑新产品对本企业现有产品市场份额的影响。

6.3.2 考虑市场扩张和侵蚀的决策模型

根据 6.3.1 节的分析，可知推出新的服务产品应该在充分考虑客户效用的基础上进行，并且要关注与功能和质量相类似的服务产品之间的竞争和合作。

在此基础上，可建立一个利用新产品扩大市场份额的多目标决策模型：

$$\max Z_1=\sum_{x\in C}\sum_{i=1}^{n}\omega_i g(u'_i)\frac{u_{ix}}{u'_i}+\sum_{x\notin C}\sum_{i=1}^{n}\omega_i g(u'_i)\frac{u_{ix}}{u'_i}+\sum_{l\in S}\sum_{i=1}^{n}\omega_i g(u'_i)\frac{u_{il}}{u'_i} \quad (6\text{-}18)$$

$$\min Z_2=\sum_{l\in S}\sum_{i=1}^{n}\omega_i g(u_i)\frac{u_{il}}{u_i}-\sum_{l\in S}\sum_{i=1}^{n}\omega_i g(u'_i)\frac{u_{il}}{u'_i} \quad (6\text{-}19)$$

$$\text{S.T.} \quad \sum_{x\in C\cup R} y_x=m$$

$$y_x=\{0,1\}$$

式（6-18）的目的是使新服务组合的开展所取得的市场份额扩张达到最大。该公式具体分为如下 3 部分。

（1）$\sum_{x\in C}\sum_{i=1}^{n}\omega_i g(u_i')\frac{u_{ix}}{u'_i}$ 是新开展服务组合产品的市场份额。$x\in C$ 表示该服务组合产品与竞争公司的某个服务组合产品相类似，服务功能的类聚会带来规模效应；该类服务组合产品的影响力增强，会导致客户选择该类服务组合的概率增加。将服务功能的类聚所引起的规模效应表示为语义距离的缩短，相当于该类服务组合产品与客户的需求距离在原来的基础上打了一个折扣，折扣率 θ（$0\leqslant\theta\leqslant1$）。

（2）$\sum_{x\notin C}\sum_{i=1}^{n}\omega_i g(u'_i)\frac{u_{ix}}{u'_i}$ 是新推出服务组合产品的市场份额。$x\notin C$ 表示该类服务组合产品不与市场上的某些服务组合产品类似，没有形成类聚，也不存在规模效应。

（3）$\sum_{l\in S}\sum_{i=1}^{n}\omega_i g(u'_i)\frac{u_{il}}{u'_i}$ 是公司内部现有服务组合产品的市场份额。

式（6-19）的目的是使公司已有的市场份额受到本方拟新推的服务产品的侵蚀最小，该公式分为如下 2 部分：

（1）$\sum_{l\in S}\sum_{i=1}^{n}\omega_i g(u_i)\frac{u_{il}}{u_i}$ 是新服务组合推出前本企业现有服务组合产品的市场份额；

（2）$\sum_{l\in S}\sum_{i=1}^{n}\omega_i g(u'_i)\frac{u_{il}}{u'_i}$ 是新服务组合产品推出后对本企业现有产品市场份额的侵蚀。

要求两者之差最小。

式（6-18）、式（6-19）中的 ω_i 表示消费过服务 i 的客户人数。假定 p_{ij} 为消费过服务 i 的消费者选择服务组合产品 j 的概率，则有

$$p_{ij} = \frac{u_{ix} y_x}{\sum_{x \in C \cup R} u_{ix} y_x + \sum_{j \in S \cup C} u_{ij}} \tag{6-20}$$

$g(u_i)$：表示消费过服务 i 的消费者的需求函数，即：

$$g(u_i) = \sum_{x \in P \cup Q} \sum_{i=1}^{n} \omega_i (1 - \exp(-\lambda u_i)) \frac{u_{ix}}{u_i'} \tag{6-21}$$

6.3.3 服务组合的匹配度计算

客户的服务需求 $K(k_1, k_2, \cdots, k_n)$ 和与之相匹配的服务组合 $S(s_1, s_2, \cdots, s_n)$ 均由若干元服务组成。服务组合的匹配度计算是以对应的元服务匹配度和 QoS 约束条件为基础的。

服务相似度是指提供的服务与请求的服务两者之间的相似程度。通常情况下，服务相似度的取值为[0,1]内的一个实数。对满足服务类型匹配及服务功能匹配的服务，可以通过计算两者的相似度来选出最符合服务请求的服务。本节的服务相似度由服务类型匹配的相似度、服务输入/输出相似度和 QoS 参数相似度三者结合而成。

本节考虑网上、网下服务的协同，其中网下服务的主体是实体流，樊祥超所提出的相似度算法中的服务输入/输出相似度计算不适合网下服务的组合。由于本节的重点在于服务组合的匹配选择，为方便起见，这里将根据跨本体概念的综合方法 MD3（Triple Mapping diatance model）模型，直接给出元服务的综合概念相似度。

计算服务组合产品与客户需求之间的语义距离是服务集成商在市场竞争环境下进行市场决策的重要基础。把两者的语义距离描述为客户的服务需求 $K(k_1, k_2, \cdots, k_n)$ 和与之相匹配的一组服务 $O(o_1, o_2, \cdots, o_n)$ 的语义相似度。

服务组合的语义相似度可以根据执行计划的各个 Web 服务的语义相似度进行求解得到。本节中，K 是包含多个功能的客户需求，O 是由多个服务组成的服务组合方案，k_i 和 o_i 分别为组成执行计划的元服务功能，单个服务功能 o_i 和 k_i 的语义相似度为 F_{koi}=sim（k_i, o_i），而服务组合的语义相似度为

$$F_{koi} = \begin{cases} \sum_{i=1}^{n} F_{koi} / n & (\forall F_{koi} \geqslant m) \\ 0 & (\exists F_{koi} \leqslant m) \end{cases} \tag{6-22}$$

利用式（6-22）计算出各个服务组合之间的语义距离，然后再求出模型的最优解。

6.3.4 模型求解

应从拟新推出的服务组合方案和市场已经存在的竞争服务组合中选择相应的方案，综合考虑对市场份额的正面和负面影响，实现企业目标的最优化。针对6.3.3节提出的模型，本节采用线性加权的方法将此多目标问题转化为单目标求最小的问题并求解。转化后的形式为

$$Z=t*z_1-(1-t)*z_2 \tag{6-23}$$

如果候选服务数量加上本方已经开展的服务和竞争对手服务数量不大，可以直接采用穷举法；如果数据量大，则可以采用启发式算法；如果为了让算法具备更好的适应性，也可以采用遗传算法来求解。染色体表示如图6-4所示，遗传算法举例如图6-5所示。

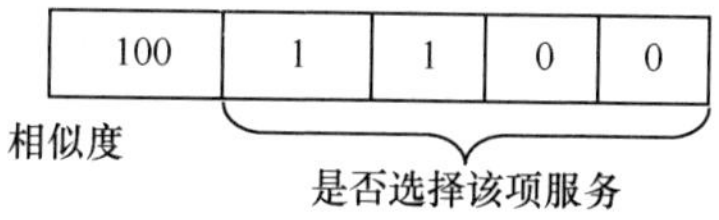

图6-4 染色体表示

第一步：产生满足约束条件的 n 个染色体，即产生初始种群染色体采用0-1编码，用1表示选择相应的服务，0表示不选择相应的服务；

第二步：根据初始种群计算目标函数值，Gen=0；

第三步：调用ranking函数，分配适应度值，然后调用select函数，使用随机遍历抽样选择 n 个个体；

第四步：分别调用recombin和mut函数完成重组和变异，并检验是否满足约束条件，对不满足约束的变异，随机产生可以满足约束的染色体；

第五步：合并第三步和第四步得到的种群，选择最优 n 个遗传到下一代，令Gen=Gen+1，返回到第三步，直到Gen达到迭代上限。

图6-5 遗传算法举例

又如，假设本企业现有的服务组合有三个（S_1、S_2 和 S_3），市场中现有竞争性的服务组合有三个（C_1、C_2 和 C_3），两个待推出的新服务组合候选方案为 R_1

和 R_2，这些服务组合的语义距离如表 6-1 所示。

表 6-1 服务组合的语义距离

	R_1	R_2	S_1	S_2	S_3	C_1	C_2	C_3
R_1	0	0.54	0.59	0.65	0.54	0.55	0.51	0.79
R_2	0.54	0	0.82	0.44	0.81	0.27	0.55	0.44
S_1	0.59	0.82	0	0.64	0.24	0.13	0.28	0.58
S_2	0.65	0.44	0.64	0	0.76	0.56	0.59	0.14
S_3	0.54	0.81	0.24	0.76	0	0.92	0.13	0.38
C_1	0.55	0.27	0.13	0.56	0.92	0	0.71	0.9
C_2	0.51	0.55	0.28	0.59	0.13	0.71	0	0.87
C_3	0.79	0.44	0.58	0.14	0.38	0.9	0.87	0

假定现有市场中服务组合产品的吸引度如表 6-2 所示。

表 6-2 服务组合产品的吸引度

组合方案	R_1	R_2	S_1	S_2	S_3	C_1	C_2	C_3
吸引力	3.8	2.1	0.6	1.4	2.6	1.3	1	1.1

将遗传算法种群规模设置为 20，迭代次数设为 10 次，分析准备推出 2 个服务组合产品时的选择结果，如表 6-3 所示；分析准备推出 3 个服务组合产品时的选择结果，如表 6-4 所示。

表 6-3 不同聚集效应下选择 2 项服务的客户效用

θ	t	服务组合产品选择	Z	Z_1	Z_2
0	0.8	R_1、C_2	8.4937	11.1600	2.1718
0.3	0.8	R_1、C_2	8.8012	11.5902	2.3549
0.6	0.8	R_1、C_2	8.9771	11.8340	2.4503

表 6-4 不同聚集效应下选择 3 项服务的客户效用

θ	t	服务组合产品选择	Z	Z_1	Z_2
0	0.8	R_1、C_2、C_3	10.8539	14.3351	3.0707
0.3	0.8	R_1、C_1、C_2	11.2771	14.8924	3.1841
0.6	0.8	R_1、R_2、C_1	11.1007	14.6570	3.1245

以下考察聚集效应逐步增加的情况。在 θ 分别取值为 0、0.3 及 0.6，且选择 2 项服务的情况下，新产品总收益 Z、产品扩张收益 Z_1 和已有产品收益被侵蚀值 Z_2 的变化幅度如图 6-6 所示。

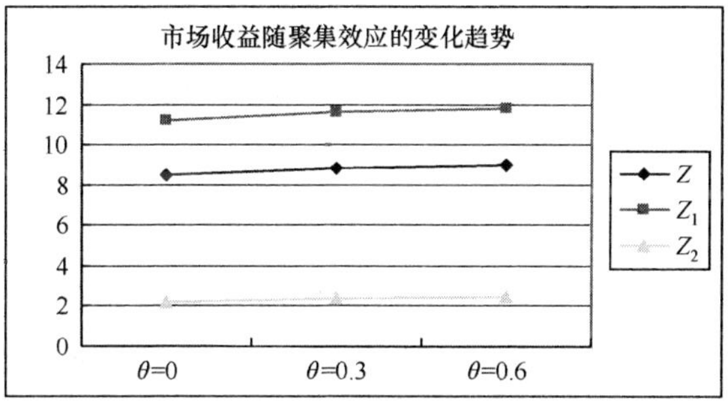

图 6-6　市场收益随聚集效应的变化趋势

从图 6-6 可以看出聚集效应如果逐步增加，则不论收益还是已存服务组合的市场损失都会逐步增加，这就需要比较新服务组合产品带来的新收益和其给已有服务组合产品带来的损失哪个更大。如果公司只考虑收益最大化会选择 C2，但这时已存服务组合所占市场损失也最大。如果公司考虑已存服务组合市场损失最小，此时公司也无法获得最大收益。因此，公司需要根据所在行业的特征进行综合考虑，从而做出服务组合方案的决策。

当 θ 分别取值为 0、0.3 及 0.6 时，收益增长幅度如图 6-7 所示。

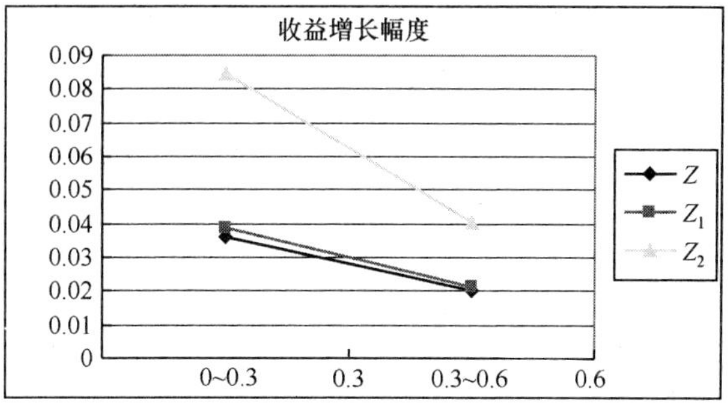

图 6-7　收益增长幅度

从增长幅度来看，收益增长呈递减趋势，尤其是总收益增长幅度下降更快，这说明聚集效应是存在边际效益递减的规律的，服务市场策略不能过度地依赖聚集效应。

6.4　基于 O2O 服务组合关键 QoS 指标的 WSI 投资组合优化

现有对 WSI 投资组合管理问题的研究大多仅从元服务供应商和服务集成商的角度考虑投资组合问题，没有考虑 O2O 服务客户的需求特征及客户对服务功能属性的需求与偏好，这将会对 WSI 和 ISV 的网上、网下服务资源的优化配置产生负面影响。因此，研究基于客户视角的 WSI 投资组合优化，满足客户对 O2O 服务组合的个性化需求显得尤为重要。

针对上述问题，本节进一步考虑了 O2O 服务组合关键 QoS 指标的网上质量和网下质量，将基于客户反馈的 O2O 服务组合关键 QoS 指标中的响应时间、成功率及可用性等归入网上服务质量中，将其中的服务综合满意度、服务描述一致性及服务费用合理度等归入网下服务质量中，然后针对客户对服务功能的需求与偏好，在 WSI 的集成成本中综合考量 WSI 的总执行成本，由此建立决策变量为供应商、Web 服务和客户的，面向客户视角的 Web 服务集成商的投资组合优化的多目标决策模型。

6.4.1 面向客户的 O2O 服务组合模型分析

WSI 向客户提供了有限集合为 S 的 O2O 服务组合，其中 $S=\{i_1,i_2,\cdots,i_n\}$，包含 n 个功能下的所有元服务，每个功能下的元服务构成了该功能的子集，即 $i_1=\{i_{11},i_{12},\cdots,i_{1a_1}\}$，$i_2=\{i_{21},i_{22},\cdots,i_{2a_2}\}$，$\cdots,i_n=\{i_{n1},i_{n2},\cdots,i_{na_n}\}$。这里的每个功能的子集个数不尽相同，也就是说，$1a_1$、$2a_2$、…、$na_n$ 这 n 个数字既可能全部相等，也可能不完全相等。

如图 6-8 所示，S 包含功能 1，功能 2，……，功能 n，如酒店服务、订票服务及租车服务等，假设每个元服务供应商集 V 中的任一个元服务供应商 v_{na_n} 只提供某一个元服务 i_{na_n}，由于不同的元服务供应商可能提供相同功能的服务，所以每个功能下的服务通常来源于多个元服务供应商。假设功能 1 为酒店服务，它由 $1a_1$ 个元服务组成，这 $1a_1$ 个元服务分别来自于元服务供应商 $v_{11},v_{12},\cdots,v_{1a_1}$，这些元服务供应商提供的酒店服务都包含各自不同的属性，如可能包括星级、价格和装修风格等。WSI 将从所有的元服务供应商中选择能提供满足客户集 $C=\{k_1,k_2,\cdots,k_n\}$中每个子集的需求和偏好的元服务供应商，为不同的客户提供不同的服务组合。表 6-6 为本节中所要用到的符号的表示意义。

不同的客户在选择服务组合时考虑的服务功能有所不同，因此，他们对 WSI 提供的服务组合的选择也会不同，这主要表现为客户对 WSI 提供的功能的选择不同或相同功能下功能属性集的需求与偏好不同。例如，有两个客户，一个可能选择 2 项功能形成的服务组合，另一个则可能选择 3 项功能形成的服务组合。再如，

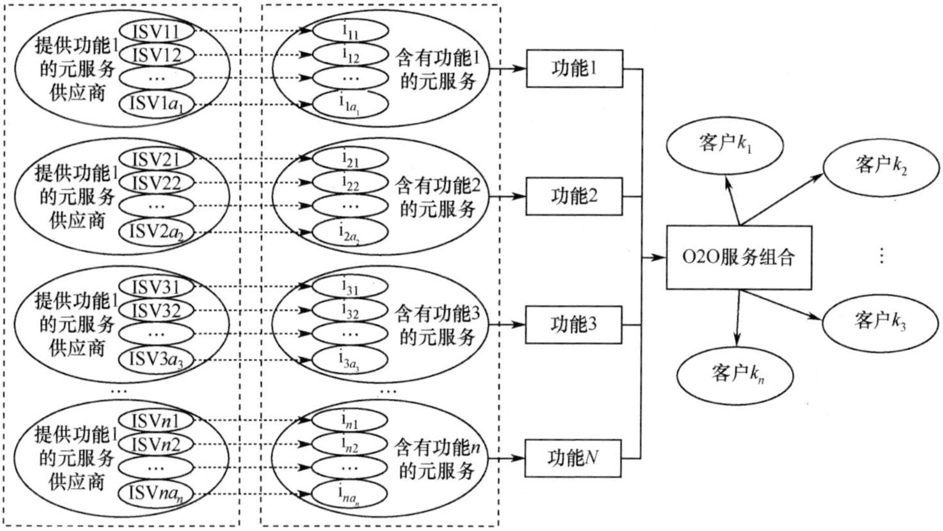

图 6-8　O2O 服务组合的结构模型

表 6-5　本节中符号的表示意义

符号（指数、集合、辅助功能）	定　义
WSI	Web 服务集成商
$i \in S$	服务集
$v \in V$	元服务供应商
$k \in C$	消费者（客户）
$j \in F$	功能集（服务的具体化）
$p \in J$	功能属性集
$F_k^a \in F$	满足客户 k 需求的功能属性集
$F_k^b \in F / F_k^a$	满足客户 k 偏好的功能属性集
$F_{na_n} \in F$	功能 n 下的 a_n 服务支持的功能属性
$S_p \in S$	支持功能属性 p 的所有服务
w_r	网上 QoS 和网下服务质量属性的权重
$V_{v,j}$	网上 QoS 和网下服务质量属性指标归一化的值
$v(i) \in V \cup \{\text{WSI}\}$	提供服务 i 的供应商（包括元服务供应商和集成商）

某一客户 k 选择酒店服务功能，假设 $j=\{p_{i1}, p_{i2}, p_{i3}, p_{i4}\}$={星级，价格，地理区位，装修风格}为酒店服务功能的属性集，他对酒店服务的需求是四星级或高于四星级标准的酒店，且酒店地理区位必须是在市区，对其他方面并无太多要求，也就是说，其需求功能属性集为{四星或以上星级，*，市区，*}，此处的“*”表示客户对该属性值无指定要求，也就是说，p_{i1} 和 p_{i3} 的值必须达到客户 k 的需求才能让其选择该服务，而 p_{i2} 和 p_{i4} 的值对于客户 k 来说无特别要求。然而，k 可

能会在酒店装修风格上偏向于田园风格，则其偏好功能属性集为{四星或以上星级，*，市区，田园}，因此，对于同样能提供功能属性集为{四星或以上星级，*，市区，*}的元服务，k会选择能提供功能属性集为{四星或以上星级，*，市区，田园}的元服务。这样，满足客户偏好的功能属性集会作为满足客户需求的功能属性集存在前提下的客户最终选择的依据。

6.4.2 WSI投资组合成本影响因素分析

WSI的收益主要来源于服务组合的售价，但要获得更高的利润，WSI必须要同时从其自身和客户的角度考虑影响其投资组合的成本因素。以下将分别从这两个角度分析WSI投资组合成本影响因素。

1. 从WSI角度考虑

WSI在其投资组合中除了提供自身的服务以外，还集成了来自不同元服务供应商的服务，以提供满足不同客户需求和偏好的服务功能。WSI总是希望能有更多的元服务供应商加入其中，然后从中集成各种不同的服务，形成能为客户提供个性化服务的服务组合，这一过程中必然产生用于整合和使用服务的各种类型的成本。具体成本影响因素如下。

（1）与元服务供应商建立关系所耗费的成本（成本1型）。

任何一个WSI都需要有长期合作关系的元服务供应商，为了建立这种关系就需要WSI向元服务供应商支付一定的费用。建立这种关系的成本包括交易成本（如花费搜寻成本去寻找足够的元服务供应商，以及相应的合同谈判带来的开销），使元服务供应商加入WSI的服务组合中的成本（如培训及会议等），向元服务供应商提供一些开发工具的成本，以及把元服务供应商推荐给客户所产生的成本。然而，这些费用也可能是负的，如WSI收费为元服务供应商进行培训，合作伙伴关系认证等。在实践中，这些费用由WSI决定，但为了降低模型的复杂性，假设WSI已经对这些费用事先做出了决定。

（2）在提供给客户的服务组合中使用某元服务所花费的成本（成本2型）。

如果客户选择并使用了WSI提供的服务组合，则会产生WSI对客户选择的元服务所对应的元服务供应商的支付费用，即为在提供给客户的服务组合中使用某元服务所花费的成本。显然，这个支付费用一定比客户支付给WSI的费用要少。

（3）把新的元服务加入服务组合中的整合成本（成本 3 型）。

该整合成本是指被选择服务及服务组合中其他服务之间的语义和语法所耗费的资源成本。假设一个元服务供应商已经与 WSI 的语法和语义规范结合密切，则他所提供的所有服务的整合成本都很低。对于单个客户而言，语义和语法的“匹配”部分取决于 WSI 对关系的投资（如个人培训）。

2. 从客户角度考虑

对于客户而言，他们选择 O2O 服务组合中某个元服务供应商的依据是其提供的元服务包含了令其满意的功能属性，也就是说，每位客户都有一个服务功能需求集，他如果选择一个 WSI 提供的服务组合，就一定会拿“WSI 提供的服务组合中是否含有这种功能属性的服务”去作为是否选择该服务的首要依据。因此，如果 WSI 想让客户选择自己的服务组合，则该服务组合必须覆盖“满足客户需求的服务功能属性集”。与此同时，还有一些功能属性会对客户的最终选择产生决定性作用，这些功能属性称为“满足客户偏好的服务功能属性”，面对同样都能提供“满足客户需求的服务功能属性集”的不同的元服务，客户往往会偏向性地选择那些涵盖了具有“满足客户偏好的服务功能属性集”的一方。具体成本影响因素如下。

（1）把包含“满足客户需求的服务功能属性集”的服务加入现有服务组合中所花费的成本（成本 4 型）。

例如，对客户的需求进行关键词匹配，把满足客户需求的功能属性——“有无线上网”加入酒店服务中 WSI 所花费的成本。

（2）把包含“满足客户偏好的服务功能属性集”的服务加入服务组合中所花费的成本（成本 5 型）。

这主要是指对客户历史行为数据进行挖掘及分析，然后进行关键词匹配，把包含“满足客户偏好的服务功能属性集”的服务加入服务组合中所花费的费用。

（3）为提高 O2O 服务组合网上及网下服务质量所消耗的成本（成本 6 型）。

O2O 服务组合的 QoS 实际上包括网上和网下两个部分，为提高 O2O 服务组合网上 QoS 和网下 QoS，必然会产生一定的成本消耗。本节将基于客户反馈的 O2O 服务组合关键 QoS 指标中的响应时间、成功率及可用性等归入网上 QoS 中，将其中的服务综合满意度、服务描述一致性及服务费用合理度等归入网下 QoS 中，然后进行综合考量。通过降低 O2O 服务组合的网上响应时间，提高 O2O 服务组合的成功率、可用性及网下服务综合满意度、服务描述一致性、服务费用合理度，来提升 O2O 服务组合的 QoS。这些过程产生的成本消耗称为提高 O2O 服务组合网上 QoS 和网下 QoS 所消耗的总执行成本。

综合 WSI 及客户两个角度分析 WSI 投资组合成本影响因素，得到如表 6-6 所示的 WSI 投资组合的成本/收益。

表 6-6 WSI 投资组合的成本/收益

成本/收益系数	定义
p_k^a	涵盖了满足客户 k 的需求功能属性集 J 的元服务的售价
c_k^a	涵盖了满足客户 k 的需求功能属性集 J 的元服务的成本（成本 4 型）
c_{jk}^b	涵盖了满足客户 k 的偏好功能属性集 J 的元服务的成本（成本 5 型）
f_v	与元服务供应商 v 建立关系所花费的固定成本（成本 1 型）
c_{ik}	在提供客户 k 的服务组合中使用服务 i 花费的成本（成本 2 型）
c_i	把服务 i 加入服务组合中的集成成本（成本 3 型）
Q_{pr}	集成商提供面向客户视角的最优组合服务的总执行成本（成本 6 型）
P	客户期望支付的费用

6.4.3 面向客户的 WSI 投资组合优化模型构建

本节首先对模型进行假设，然后建立目标函数为 WSI 利润最大化的多目标决策模型。

1. 模型假设

6.4.2 节分析了对于客户集 C 中的任何一位客户而言，他们选择 O2O 服务组合中某个元服务供应商 $v(i)$ 的依据是其提供的元服务 i 包含了令其满意的功能属性。模型中存在以下假设。

假设（1）：WSI 提供的“满足客户需求的功能属性集 F_k^a 的服务组合”的售价 p_k^a 已经事先与元服务供应商进行了磋商，且谈判的价格低于客户意愿支付的价格，客户会在商定的价位购买 WSI 提供的服务组合。

假设（2）：不存在从客户到元服务供应商的直接支付行为，客户直接向 WSI 支付便可获得满意的服务，而对于元服务供应商而言，只需由 WSI 去支付必要的费用 c_k^a。

假设（3）：模型不对 p_k^a 与“满足客户偏好的功能属性集 F_k^b 的服务组合”的

价格进行捆绑，满足客户偏好的服务功能属性集不会带来额外收入，但其对客户选择服务势必会产生影响。

假设（4）：能提供“满足客户偏好的服务功能属性集”的元服务被客户选择的概率要大于不能提供“满足客户偏好服务的功能属性集”的元服务。

本节的模型主要考虑以下问题：怎样形成一种服务投资组合的方式，提供一个满足所有客户服务的“功能集”，来使 WSI 的利润最大化？这就要求 WSI 选择的服务要覆盖所有满足客户需求的服务功能属性集。WSI 可以利用向不同的客户提供不同的服务组合来增加自己的收入，但要做到这一点，WSI 需要通过购买和实施以将不同的服务纳入其投资组合服务中，而这必然将产生一定的支付费用。前面分析了 WSI 用于组合和使用元服务供应商的服务的成本类型主要有以下六种：①把包含“满足客户需求的服务功能属性集”的服务加入现有服务组合中所花费的成本；②把包含“满足客户偏好的服务功能属性集”的服务加入服务组合中所花费的成本；③为提高 O2O 服务组合网上和网下服务质量所消耗的成本。④与元服务供应商建立关系所耗费的成本；⑤在提供给客户的服务组合中使用某元服务所花费的成本；⑥把新的元服务加入服务组合中的整合成本。这里假设以上六种类型成本均不受 WSI 的主观因素的影响。

其实，除了从元服务供应商那里购买服务之外，还有一种可能，就是让 WSI 自己来实现这个服务，在这种情况下，成本结构会发生巨大变化，既没有与一个元服务供应商建立联系的固定成本，也没有语义和语法集成的任何费用。

假设（5）：在服务组合中使用自我实现的服务成本非常低，但在这种情况下，WSI 需要承担较高的固定实施成本去实施自己的服务。WSI 对元服务供应商公司的收购可看作自我服务的实现。

模型中引入了二进制决策变量，所有费用参数和决策变量同时兼顾了 WSI 和客户的视角。如果二元决策变量的值为 1，则意味着决定为“是”；反之，如果二元决策变量的值为 0，则意味着决定为“否”。模型中的二进制决策变量如表 6-7 所示。

表 6-7　模型中的二进制决策变量

二进制决策变量	定义
x_{vj}	是否选择元服务供应商 v
u_k	是否被客户 k 选择

2. 模型建立

在模型假设的基础上，这里引入了一个基于数学符号的 0-1 线性规划模型。本节制定的面向客户视角的 Web 服务集成商的投资组合问题作为 0-1 线性规划模型，既可使用标准的混合整数最优解决编程（MIP）的求解，如 CPLEX 或 XPRESS，也可使用多属性决策方法、MATLAB 工具和 Lingo 软件等进行求解。

表 6-5～表 6-7 中给出了模型的符号。这里，用指数 i 表示一个元服务；j 表示一个具备某一属性集的功能；v 表示一个元服务供应商；k 表示一个客户。为了把 WSI 自己实现或购买的决定加入模型中，在模型中添加了一个虚拟供应商 WSI，表示自我实施服务。每个客户 k 都需要有一个需求功能属性集 F_k^a，并且也会考虑偏好功能属性集 F_k^b，这些集合对不同的客户可能是间断的，也就是说，每一位客户的需求与偏好不尽相同，如对于 k_1 来说的需求功能属性可能是 k_2 的偏好功能属性。

利润最大化的目标函数主要由以下几个部分组成：

（1）向客户提供满足其需求功能属性集的服务组合所产生的收入 $\sum_{k\in C}(p_k^a u_k)$，

（2）整合"满足客户需求的服务功能属性集"到服务组合中的成本 $\sum_{k\in C}(c_k^a u_k)$；

（3）整合"满足客户偏好的服务功能属性集"到服务组合中的成本 $\sum_{k\in C}\left[\sum_{j\in F_k^n}(c_{jk}^b)u_k\right]$；

（4）客户选择服务组合产生的 WSI 对元服务供应商的支付费用 $\sum_{i\in S}\sum_{k\in C}c_{ik}u_k$；

（5）与元服务供应商建立固定关系的成本 $\sum_{v\in V}f_v x_{vj}$；

（6）购买新的元服务到服务组合中的成本 $\sum_{i\in S}(c_i x_{vj})$；

（7）Web 服务网上和网下服务质量给集成商带来的总执行费用 Q_{pr}。

本节建立的模型同时考虑了 WSI 的决定与客户的需求和偏好，优化模型受到了 Web 服务 QoS 和网下服务质量的影响。由此制定的多目标决策模型如式（6-24）所示：

$$\mathrm{Max}P(u,x)=\sum_{k\in C}\left[(p_k^a-c_k^a)-\sum_{j\in F_k^b}(c_{jk}^b)-\sum_{i\in S}(c_{ik})\right]\cdot u_k-\left(\sum_{v\in V}f_v+\sum_{i\in S}c_i+Q_{pr}\right)x_{vj} \tag{6-24}$$

根据前面的分析可知，Q_{pr} 受到响应时间、可用性、成功率、服务费用合理度、服务描述一致性和服务综合满意度 6 个属性的影响，因此，要使综合质量得分最大化来满足客户的需求，即得到整数规划模型：

$$\mathrm{Max}\left\{\sum_{r=1}^{6}\left[w_r \times (\sum_{i=1}^{b}\sum_{v=1}^{a} x_{vj} \times V_{v,j})\right]\right\} \tag{6-25}$$

其中，响应时间为减量型指标，其值越大，QoS 值越低。对式（5-17）进行简化后得到式（6-26），利用式（6-26）对响应时间进行归一化；成功率、可用性、服务综合满意度、服务描述一致性、服务费用合理度等属于增量型指标，其值越大，QoS 值越高。为了更加便于计算，将式（5-16）简化得到式（6-27），再利用式（6-27）对它们进行归一化。

$$V(Q_{i,j}) = \begin{cases} \dfrac{Q_j^{\max} - Q_{i,j}}{Q_j^{\max} - Q_j^{\min}}, Q_j^{\max} - Q_j^{\min} \neq 0 \\ 1, \qquad\qquad Q_j^{\max} - Q_j^{\min} = 0 \end{cases} \tag{6-26}$$

$$V(Q_{i,j}) = \begin{cases} \dfrac{Q_{i,j} - Q_j^{\min}}{Q_j^{\max} - Q_j^{\min}}, Q_j^{\max} - Q_j^{\min} \neq 0 \\ 1, \qquad\qquad Q_j^{\max} - Q_j^{\min} = 0 \end{cases} \tag{6-27}$$

式（6-24）、式（6-25）满足：

$$\begin{cases} u_k \leqslant x_{vj} & \forall k \in C, j \in F_k^a & (6\text{-}28) \\ Q_{pr} \leqslant P & P > 0 & \\ x_{vj} = 1\text{或}0 & \forall v \in V & (6\text{-}30) \\ u_k = 1\text{或}0 & \forall k \in C & (6\text{-}31) \end{cases}$$

约束条件（6-28）强行规定了 WSI 提供的服务组合中的服务需要至少包含满足客户 k 需求的功能属性集，也就是说，如果 WSI 把服务组合提供给客户 k，则 WSI 提供的服务组合中至少有一个服务 i 能提供满足客户 k 需求的功能属性集。这里要考虑 WSI 是否选择客户 k，如果选择，则要提供满足客户 k 需求的功能属性集，就会产生包含该功能属性集的服务组合带来的收益和消耗的成本。约束条件（6-29）表示 Web 服务网上和网下服务质量给集成商带来的总执行费用不能超过客户所期望费用的最大值，该值通常是已知的。约束条件（6-30）及约束条件（6-31）中的值为二进制变量，1 表示选择，0 表示非选择。

6.4.4 WSI 投资组合优化模型应用

有一个用于旅游服务的 O2O 组合服务，如图 6-9 所示，该服务组合包含了 Flight Booking、Hotel Booking、Car Rent、Scenic Spots 与 Guide 5 项功能，服务组合中的每一个服务都有其必要的选择顺序：本实例中的 Flight Booking、Hotel Booking 与 Car Rent 为顺序执行；Scenic Spots 与 Guide 为并发执行，功能集 $F=\{j_1,j_2,j_3,j_4,j_5\}$={Flight Booking，Hotel Booking，Car Rent，Scenic Spots，Guide}。对于 Flight Booking 功能而言，包含了 4 个属性，即价格、起飞时间、航空公司和支付方式，假设其属性集为 $j_1=\{p_{11},p_{12},p_{13},p_{14}\}$={价格，起飞时间，航空公司，支付方式}；同理，假设 j_2,j_3,j_4,j_5 分别为 Hotel Booking、Car Rent、Scenic Spots 与 Guide 的属性集，则 $j_2=\{p_{21},p_{22},p_{23},p_{24},p_{25}\}$={星级，价格，地理区位，装修风格，支付方式}，$j_3=\{p_{31},p_{32},p_{33},p_{34}\}$={型号，容量，成色，日租价格}，$j_4=\{p_{41},p_{42}\}$={特点，评价}，$j_5=\{p_{51},p_{52}\}$={性别，特点}。对于 Flight Booking 功能，实例 1 中有一个属性集为 j_{11} 的元服务，j_{11} 与 j_1 实现映射，即 j_{11}={￥820，12:40，南航，刷卡或在线支付}；实例 2 中有一个属性集为 j_{12} 的元服务，j_{12} 与 j_1 实现映射，即 j_{12}={￥780，7:00，国航，刷卡或付现}；实例 3 中有一个属性集为 j_{13} 的元服务，j_{13} 与 j_1 实现映射，即 j_{13}={￥800，19:50，东航，刷卡或在线支付}。同理，属性集 j_{21}={四星级，￥450，市区，欧式，刷卡}、j_{22}={三星级，￥270，近郊，简约，现金支付}、j_{23}={五星级，￥680，市区，田园，刷卡}分别与 j_2 实现映射；属性集 j_{31}={奔驰 MB100，5 座，八成新，￥600}、j_{32}={别克 GL8，5 座，全新，￥800}、j_{33}={金龙、宇通，19 座，八成新，￥780}分别与 j_3 实现映射；属性集 j_{41}={自然风光，好评}、j_{42}={名胜古迹，中评}、j_{43}={革命老区，中评}分别与 j_4 实现映射；属性集 j_{51}={女，亲和力强}、j_{52}={男，经验丰富}、j_{53}={女，善于沟通}分别与 j_5 实现映射。

假设有 3 个客户，分别为 k_1、k_2 和 k_3，由于每位客户在选择服务组合时考虑的服务功能不同，所以他们选择的服务组合也不相同。假设 k_1 选择服务组合的所有功能，即选择 Flight Booking、Hotel Booking、Car Rent、Scenic Spots 与 Guide 5 项功能；k_2 只选择 Flight Booking、Hotel Booking、Scenic Spots 与 Guide 4 项功能；k_3 只选择 Hotel Booking、Car Rent、Scenic Spots 与 Guide 4 项功能。

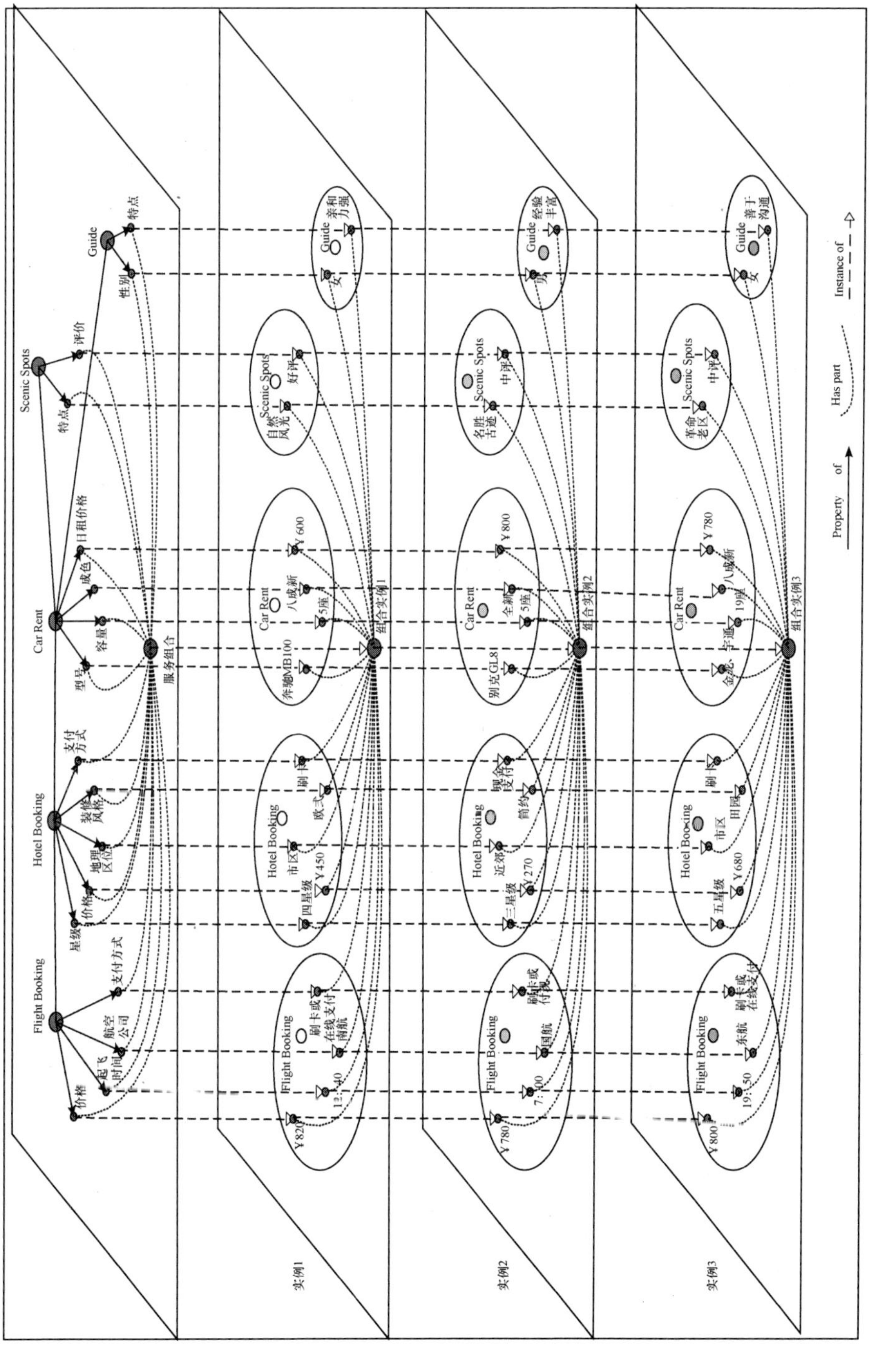

图 6-9　旅游服务的 O2O 服务组合实例

k_1 对 Flight Booking 的需求是价格不高于￥800，起飞时间最好是在下午或晚上；对 Hotel Booking 的需求是价格不高于￥500，最好是能现金支付；对 Car Rent 的需求是八成新、5 座容量；对 Scenic Spots 的需求是自然风光；对 Guide 的需求是女性。k_2 对 Flight Booking 的需求是刷卡或在线支付，并且最好是南航航空公司；对 Hotel Booking 的需求是四星级或高于四星级标准的酒店，且酒店地理区位必须是在市区，在酒店装修风格上偏向于欧式风格；对 Scenic Spots 的需求是评价为好评；对 Guide 无特别要求。k_3 对 Hotel Booking 的需求是能刷卡消费，价格最好低于￥500；对 Car Rent 的需求是全新，最好是只有 5 座；对 Scenic Spots 的需求是至少为中评；对 Guide 的需求是要善于沟通。

表 6-8 和表 6-9 分别列出了该旅游组合服务各功能及其现有属性值和该旅游

表 6-8　旅游组合服务各功能及其现有属性值

功能	功能属性	现有属性值	功能	功能属性	现有属性值
Flight Booking	价格	￥820	Hotel Booking	星级	四星级☆
		￥780☆			三星级
		￥800☆			五星级☆
	起飞时间	12:40Δ		价格	￥450☆Δ
		7:00			￥270☆Δ
		19:50Δ			￥680
	航空公司	南航 Δ		地理区位	市区☆
		国航			近郊
		东航		装修风格	欧式 Δ
	支付方式	刷卡或在线☆			简约
		刷卡或付现			田园
				支付方式	刷卡☆
					现金支付 Δ
Car Rent	型号	奔驰 MB100	Scenic Spots	特点	自然风光☆
		别克 GL8			名胜古迹
		金龙、宇通			革命老区
	容量	5 座☆Δ		评价	好评☆
		19 座			中评☆
	成色	全新☆	Guide	特点	亲和力强
		八成新☆			经验丰富
	日租价格	￥780			善于沟通☆
		￥600		性别	男
		￥800			女☆

组合服务提供各功能的元服务供应商的功能属性值。表中用“☆”标出了满足客户需求的功能属性：用“Δ”标出了满足客户偏好的功能属性。

表 6-9 旅游组合服务提供各功能的元服务供应商的功能属性值

功能	元服务供应商	属性值	功能	元服务供应商	属性值
Flight Booking	v_{11}	¥820	Car Rent	v_{31}	奔驰 MB100
		12:40Δ			5 座☆Δ
		南航 Δ			八成新☆
		刷卡或在线☆			¥600
	v_{12}	¥780☆		v_{32}	别克 GL8
		7:00			5 座☆Δ
		国航			全新☆
		刷卡或付现			¥800
	v_{13}	¥800☆		v_{33}	金龙、宇通
		19:50Δ			19 座
		东航			八成新☆
		刷卡或在线☆			¥780
Hotel Booking	v_{21}	四星级☆	Scenic Spots	v_{41}	自然风光☆
		¥450☆Δ			好评☆
		市区☆		v_{42}	名胜古迹
		欧式 Δ			中评☆
		刷卡☆		v_{43}	革命老区
	v_{22}	三星级			中评☆
		¥270☆Δ	Guide	v_{51}	女☆
		近郊			亲和力强
		简约		v_{52}	男
		现金支付 Δ			经验丰富
	v_{23}	五星级☆		v_{53}	女☆
		¥680			善于沟通☆
		市区☆			
		田园			
		刷卡☆			

根据表 6-9 中各元服务供应商的“☆”和“Δ”，建立了表 6-10 和表 6-11，它们列出了旅游组合服务各元服务提供商的成本/收益值，表中的各成本、收益值及执行费用的单位均为元，响应时间的单位为秒。由于供应商 v_{52} 提供的服务的功能

表 6-10 旅游组合服务各元服务提供商的成本/收益值（一）

基本服务	元服务供应商	p_k^a	c_k^a	c_{jk}^b	f_v	c_i	c_{ik}
Flight Booking	v_{11}	820	60	50	50	40	200
	v_{12}	780	50	0	70	60	220
	v_{13}	800	70	20	60	30	250
Hotel Booking	v_{21}	550	60	30	20	20	120
	v_{22}	470	50	20	10	30	70
	v_{23}	680	40	0	60	40	190
Car Rent	v_{31}	600	80	30	30	20	110
	v_{32}	800	60	40	80	20	160
	v_{33}	780	30	0	40	30	130
Scenic Spots	v_{41}	130	20	0	20	10	20
	v_{42}	110	20	0	20	5	30
	v_{43}	100	10	0	10	5	10
Guide	v_{51}	100	20	0	10	5	20
	v_{52}	—	—	—	—	5	—
	v_{53}	90	10	0	10	6	30

表 6-11 旅游组合服务各元服务提供商的成本/收益值（二）

基本服务	元服务供应商	Q_{pr}						
		网上质量				网下质量		
		执行费用	响应时间	可用性	成功率	费用合理度	描述一致性	综合满意度
Flight Booking	v_{11}	350	4	0.99	0.95	0.88	0.80	0.85
	v_{12}	390	5	0.98	0.90	0.90	0.85	0.70
	v_{13}	370	3	0.97	0.99	0.92	0.95	0.90
Hotel Booking	v_{21}	230	17	0.89	0.86	0.80	0.85	0.90
	v_{22}	240	12	0.90	0.92	0.88	0.90	0.95
	v_{23}	250	15	0.85	0.88	0.85	0.85	0.90
Car Rent	v_{31}	250	10	0.90	0.85	0.80	0.70	0.80
	v_{32}	300	11	0.89	0.86	0.82	0.65	0.60
	v_{33}	230	15	0.89	0.90	0.75	0.60	0.75
Scenic Spots	v_{41}	50	20	0.90	0.88	0.90	0.80	0.80
	v_{42}	30	15	0.92	0.90	0.92	0.85	0.80
	v_{43}	60	8	0.96	0.91	0.95	0.90	0.85
Guide	v_{51}	20	9	0.87	0.88	0.85	0.70	0.70
	v_{52}	20	10	0.88	0.85	0.80	0.60	0.65
	v_{53}	20	8	0.92	0.92	0.82	0.85	0.90

属性值不包含满足客户需求的功能属性，所以其成本/收益值都将不考虑，用“—”表示。只有当元服务供应商包含有“Δ”标记的属性值时，才会产生 c_{jk}^{b}，“0”表示无此成本产生。

Q_{pr} 中的响应时间、可用性、成功率、服务费用合理度、服务描述一致性及服务综合满意度的权重 $W_r=\{w_1,w_2,w_3,w_4,w_5,w_6\}=\{0.1,0.2,0.1,0.4,0.1,0.1\}$，响应时间通过式（6-26）进行归一化；可用性、成功率、服务费用合理度、服务描述一致性及服务综合满意度通过式（6-27）进行归一化。已知客户期望费用不超过 2000 元，即 P=2000。将得到的数据代入整数规划模型中，并通过 Lingo 软件求解 0-1 规划。图 6-10 和图 6-11 为 Lingo 软件运行的重要截图。

```
LINGO Model - LINGO2
!目标函数;
max=0.552*X11+0.346*X12+0.398*X13+0.322*X21+0.68*X22+0.099*X23+0.254*X31+
0.460*X32+0.0889*X33+0.02*X41+0.68*X42+0.0799*X43+0.18*X51+0.68*X53;
!执行费用的约束条件;
350*X11+390*X12+370*X13+230*X21+240*X22+250*X23+250*X31+300*X32+230*X33+
50*X41+40*X42+60*X43+20*X51+20+20*X53<=2000;
!每个基本服务至少选择一个元服务供应商;
X11+ X12+ X13>=1;
X21+ X22+ X23>=1;
X31+ X32+ X33>=1;
X41+ X42+ X43>=1;
X51+ X53>=1;
!约束变量为0-1二进制变量;
@bin(X11);
@bin(X12);
@bin(X13);
@bin(X21);
@bin(X22);
@bin(X23);
@bin(X31);
@bin(X32);
@bin(X33);
@bin(X41);
@bin(X42);
@bin(X43);
@bin(X51);
@bin(X53);
End
```

图 6-10　Lingo 软件的目标函数和执行费用约束条件的设定

根据软件计算结果最终得到：$X_{11}=X_{13}=X_{21}=X_{22}=X_{31}=X_{32}=X_{41}=X_{42}=X_{43}=X_{51}=X_{53}=1$；$\text{score}=4.3059$。即 Flight Booking 服务选择的服务提供商是 v_{11} 和 v_{13}；Hotel Booking 选择的服务提供商是 v_{21} 和 v_{22}；Car Rent 选择的服务提供商是 v_{31} 和 v_{32}；Scenic Spots 选择的服务提供商是 v_{41}、v_{42} 和 v_{43}；Guide 选择的服务提供商是 v_{51} 和 v_{53}。这些元服务供应商能满足客户 k_1、k_2 及 k_3 的需求，因

```
Solution Report - LINGO2
  Global optimal solution found.
  Objective value:                              4.305900
  Extended solver steps:                               0
  Total solver iterations:                             0


                   Variable           Value        Reduced Cost
                        X11        1.000000          -0.5520000
                        X12        0.000000          -0.3460000
                        X13        1.000000          -0.3980000
                        X21        1.000000          -0.3220000
                        X22        1.000000          -0.6800000
                        X23        0.000000          -0.9900000E-01
                        X31        1.000000          -0.2540000
                        X32        1.000000          -0.4600000
                        X33        0.000000          -0.8890000E-01
                        X41        1.000000          -0.2000000E-01
                        X42        1.000000          -0.6800000
                        X43        1.000000          -0.7990000E-01
                        X51        1.000000          -0.1800000
                        X53        1.000000          -0.6800000

                        Row    Slack or Surplus      Dual Price
                          1        4.305900            1.000000
                          2        50.00000            0.000000
                          3        1.000000            0.000000
                          4        1.000000            0.000000
                          5        1.000000            0.000000
                          6        2.000000            0.000000
                          7        1.000000            0.000000
```

图 6-11　Lingo 软件的运行结果

此，WSI 选取到了一组最优化的元服务供应商。最终客户 k_1、k_2 及 k_3 的选择情况如图 6-12 所示。

根据式（6-24）及约束条件，可得

$$u_{12}=u_{23}=u_{33}=u_{52}=0$$

Max$P$=（800−60−50−200）u_{11}−（50+40+350）+（800−70−20−250）u_{13}−（60+30+370）+（550−60−30−120）u_{21}−（20+20+230）+（470−50−20−70）u_{22}−（10+20+240）+（600−80−30−110）u_{31}−（30+20+250）+（800−60−40−160）u_{32}−（80+20+300）+（130−20−0−20）u_{41}−（20+10+50）+（110−20−0−30）u_{42}−（20+5+30）+（100−10−0−10）u_{43}−（10+5+60）+（100−20−0−20）u_{51}−（10+5+20）+（90−10−0−30）u_{53}−（10+6+20）

当且仅当 $u_{11}=u_{13}=u_{21}=u_{22}=u_{31}=u_{32}=u_{41}=u_{42}=u_{43}=u_{51}=u_{53}=1$ 时，取得最大值。计算得 Max$P$=449（元）。

当然，实际案例中的组合实例远远多于此处的 3 个，因为 WSI 提供的服务组合面向更多的客户，只有提供更多备选的元服务，才能更多地得到客户的选择。

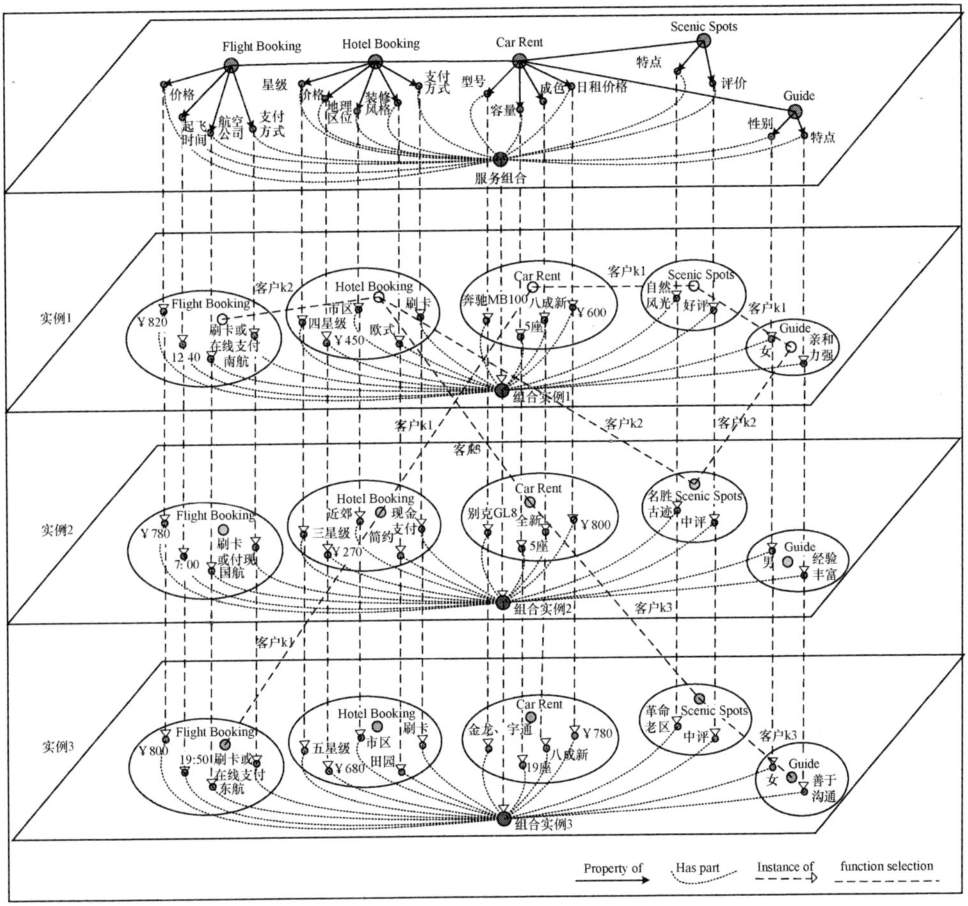

图 6-12　旅游 O2O 服务组合中客户的选择

第 7 章　O2O 服务组合协同管理

Web 服务集成商把互联网中相对简单、可用性强的 Web 元服务按照一定的结构组合成新的、客户需要的 O2O 服务组合。随着客户的个性化需求日渐提升，基于客户反馈的 O2O 服务组合有效地发挥了其真正潜力，实现了 WSI 的 O2O 服务组合增值。前面章节在均衡 WSI 和客户利益的前提下，综合考虑 O2O 服务组合各关键 QoS 指标，研究了网络竞争市场环境下面向客户反馈的 O2O 服务组合市场决策问题，构建了 O2O 服务组合市场决策模型。然而，在 O2O 服务组合的协同管理过程中，除了对整个 O2O 服务组合资源的优化配置之外，还必须考虑 WSI 与 ISV、客户及其他协同主体之间的"多边协同"关系，实现 O2O 服务组合与 Web 元服务、网上服务与网下服务及基于 O2O 服务组合价值网的 O2O 服务组合协同管理。

目前对 O2O 服务组合协同管理方法的研究存在以下两个方面的问题：

（1）直接把供应链协同管理理论方法简单应用在 O2O 服务组合领域，没有区别 O2O 服务与产品的本质；

（2）现有的研究仅在传统的价格决策和市场选择模型等方面研究 Web 元服务供应商和 Web 服务集成商协同管理网上及网下服务质量的问题，未从 O2O 服务组合价值网的角度研究 O2O 服务组合协同管理方法。

由于 O2O 服务组合管理最大的困难在于线上/线下、元服务与组合服务及服务组合价值链的协同，所以本章将在前面章节介绍的 QoS 指标体系和 O2O 服务组合市场决策模型的基础上，从 O2O 服务组合的元服务的协同管理、线上服务与线下服务的协同管理及基于价值网的 O2O 服务组合协同管理三个角度，提出面向多边协同的 O2O 服务组合优化管理方法。

根据对价值链理论、协同管理理论及 O2O 服务组合协同主体的分析，本章构建的面向多边协同的 O2O 服务组合优化管理整体模型如图 7-1 所示。在该模型中，WSI 以投资组合优化模型、定价策略模型及供应商选择模型为导向，与外部的 Web 元服务供应商、合作者及客户之间通过不断的循环反馈而相互作用，使 O2O 服务组合与 Web 元服务之间、线上服务与线下服务之间逐渐达到一种动态平衡的状态，推动 O2O 服务组合的动态演化与优化，实现 O2O 服务组合链的价值最大化。O2O 服务组合协同不是自身与外部各协同主体协同能力的简单相加，而是各协同主体之间相互耦合的结果。

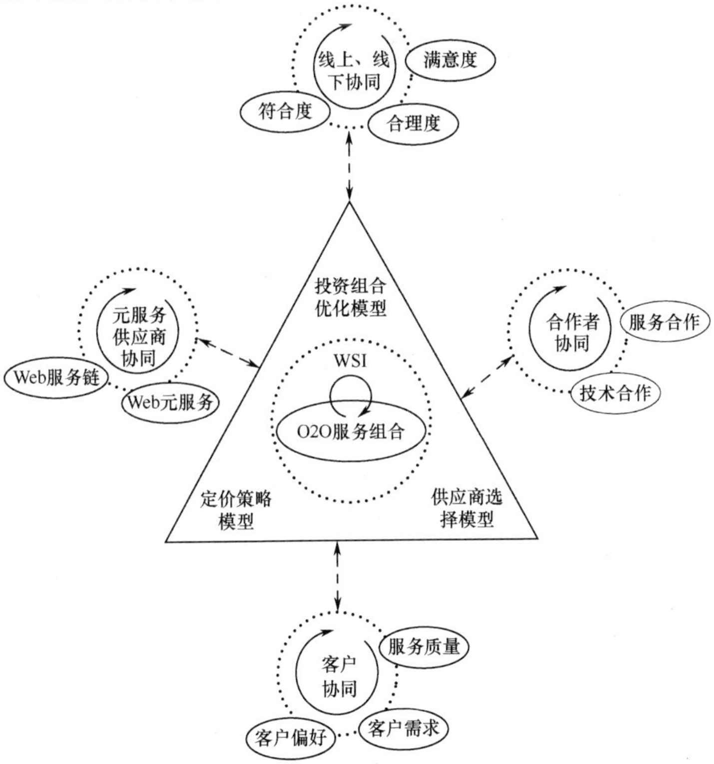

图 7-1　面向多边协同的 O2O 服务组合优化管理整体模型

7.1　O2O 服务组合与元服务协同管理

O2O 服务组合与元服务的协同管理实际上还包含了服务集成商（WSI）与元服务供应商（ISV）的协同管理层面。本节将从 WSI 与 ISV 协同、O2O 服务组合与 Web 元服务协同两个层面分析 O2O 服务组合与元服务的协同管理方法。

7.1.1　服务集成商与元服务供应商协同管理

ISV 是 WSI 最直接的合作者，也是在 WSI 众多合作对象中最为特殊的一个角色，是提供 Web 元服务的主体。然而，并不是所有 ISV 提供的元服务都能作为最终 WSI 提供的 O2O 服务组合的组成部分，正如前面章节分析表明的那样，即使面对能提供同种功能 Web 元服务的 ISV，WSI 也会历经必要的选择和决策的过程。

WSI 与 ISV 协同管理，既包括 WSI 与 ISV 的选择协同，也包括他们互选后从签订合同及系统使用等合作各环节的协同。WSI 与 ISV 的选择协同不仅仅体现在 WSI 对 ISV 的选择过程中，实际上，他们之间的选择和决策是一个双向的过程，WSI 通过服务功能及服务质量等因素对 ISV 提供的元服务进行衡量，同时，ISV 也愿意选择知名度高、客户口碑好的 WSI 作为合作对象。而一旦 WSI 与 ISV 完成了互选行为，他们之间就必须通过制订合约或签订合同的方式对可能出现的有关彼此利益分配或合作方面的问题加以约束。WSI 还可以通过培训线下 ISV 的方法提高元服务的质量，从而反作用于 O2O 服务组合的整体服务质量。例如，WSI 可以督促线下商铺坚持提供“7 天 24 小时”的不间断服务，以此来解决客户的实时服务需求，这样，元服务的客户反馈就会随之提高，促使了更多客户选择 WSI，选择他提供的 O2O 服务组合。

WSI 不应该只把自己的网站当成单纯的买卖交易平台，WSI 与 ISV 的合作也不是简单的由 ISV 供货给 WSI，再由 WSI 向客户进行销售的方式，两者间应在实际运作过程中以客户为中心，并相互配合实现共赢。例如，提供娱乐及购物服务组合的 WSI，可以与线下商户合作开辟网上购买客户的专享通道，并且在线下消费前详细介绍消费细则，甚至是在娱乐和购物的现场贴心安排上网环境，让客户消费更便捷，也更深刻感受到供应商的人性化关怀。O2O 服务组合 WSI 与 ISV 协同如图 7-2 所示。

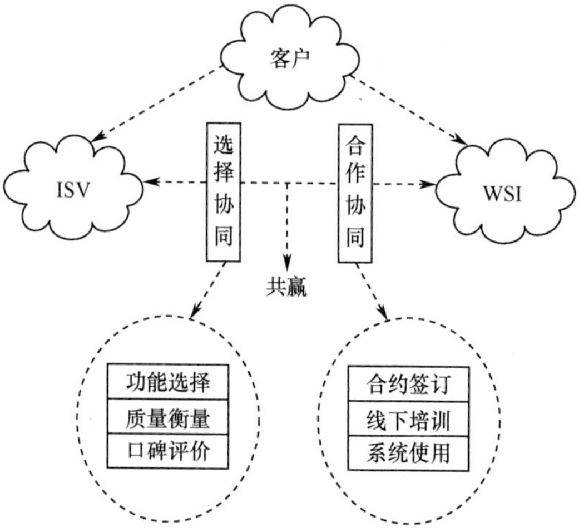

图 7-2　O2O 服务组合 WSI 与 ISV 协同

7.1.2 O2O 服务组合与 Web 元服务协同管理

O2O 服务组合与 Web 元服务的协同是指在 O2O 服务组合资源配置的过程中，WSI 对各 Web 元服务进行合理筛选、调配、整合及优化等方面的协同。O2O 服务组合与 Web 元服务协同就是解决 WSI 在 Web 服务集成的过程中，如何选择满足客户需求与偏好的 Web 元服务、如何衡量相同功能下 Web 元服务 QoS 的高与低、如何对筛选后的 Web 元服务进行合理集成、如何优化配置 O2O 服务组合，以及如何更新 O2O 服务组合的元服务以满足客户新的需求等问题。

O2O 服务组合与 Web 元服务协同如图 7-3 所示。

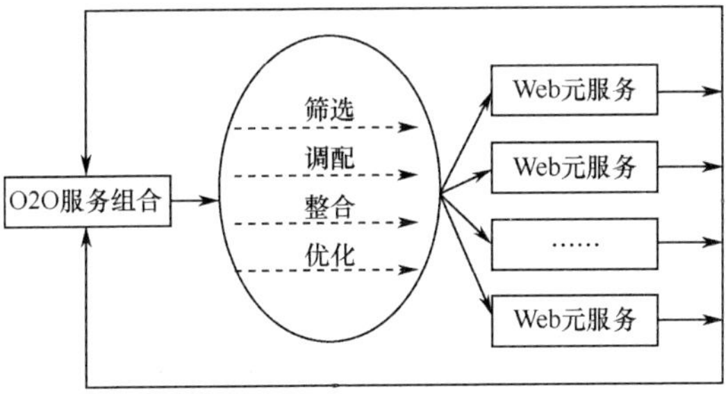

图 7-3 O2O 服务组合与 Web 元服务协同

7.2 O2O 服务组合线上与线下协同管理

O2O 服务组合将线下的各种产品和服务资源与线上的信息资源联系到一起，要实现 O2O 服务组合协同管理，就必须保证线上服务与线下服务的协同。本节将提出基于服务价格、服务质量、服务渠道及服务沟通的 O2O 服务组合线上与线下协同管理方法，如图 7-4 所示。

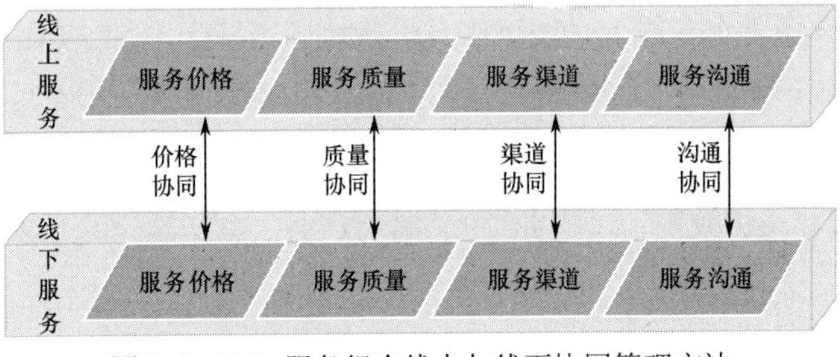

图 7-4 O2O 服务组合线上与线下协同管理方法

7.2.1 线上、线下服务价格协同管理

O2O 服务组合的价格是客户最为关注的因素之一，客户之所以选择 O2O 服务组合，很大的一个原因在于其价格上存在明显优势。由于 O2O 服务组合是由若干个 Web 元服务组合而成的，所以 O2O 服务组合线上与线下价格协同就要求 O2O 服务组合线上价格与对应的 Web 元服务的线下价格之和保持一致，甚至是更加低廉，由此则需要在 WSI 与各 ISV 之间制定统一的价格管理制度。一方面，要保证元服务的成本稳定和价格平稳，同时，O2O 服务组合中对某一 Web 元服务支付的费用等同或更低于客户在线下购买该 Web 元服务的价格；另一方面，为了满足客户对网上购物“更廉价”的购买动机，WSI 可以在线上采取更灵活、更丰富的促销策略（如免费送货到家，赠送小礼品等）来吸引客户，从而提高客户的数量。O2O 服务组合线上、线下服务价格协同如图 7-5 所示。

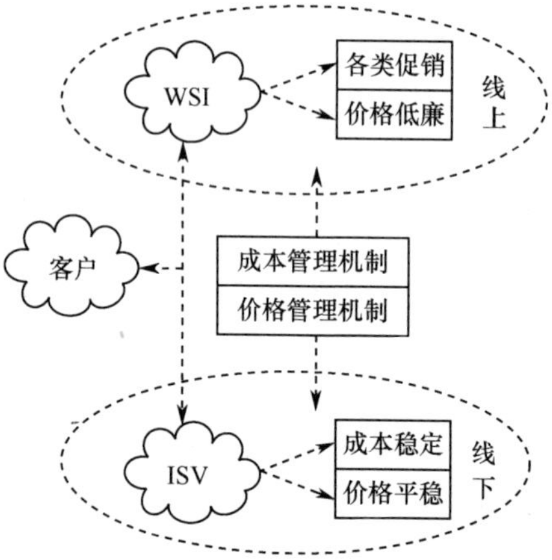

图 7-5　O2O 服务组合线上、线下服务价格协同

尽管 O2O 服务组合线上、线下服务价格协同是基于 WSI 与 ISV 协同的，要求 WSI 与各 ISV 之间进行长期的沟通与磋商，最终建立成本和价格管理制度，但最终展现在客户面前的 O2O 服务组合价格仍是客户最直接的感知点。然而，线上、线下价格协同要考虑权衡 WSI 与客户之间的利益，虽然客户是 O2O 服务组合的核心服务对象，但是 WSI 只会在保证其自身能获取利益的前提下才能为客户提供优惠，因此，必须同时兼顾 WSI 的成本花费和客户的体验感。

7.2.2　线上、线下服务质量协同管理

线上、线下服务质量协同主要是从 O2O 服务组合整体 QoS 水平的角度来实现网上与网下服务质量同步与协调的。本节对前面章节提取的基于客户反馈的 O2O 服务组合关键 QoS 指标进行进一步划分，并产生网上与网下的对应关系。O2O 服务组合线上、线下服务质量协同如图 7-6 所示。

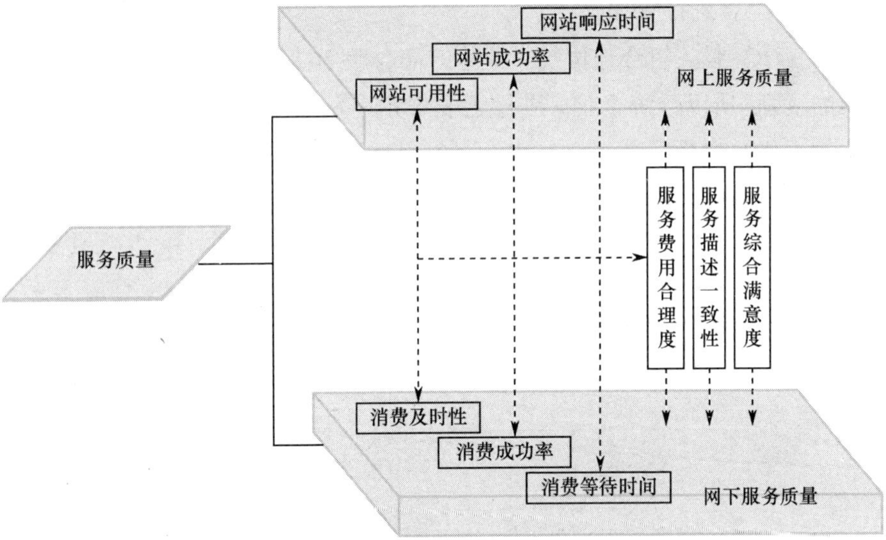

图 7-6　O2O 服务组合线上、线下服务质量协同

图 7-6 所示的 O2O 服务组合线上、线下服务质量协同，一方面保证对线上的网站可用性、网站成功率及网站响应时间等网上服务质量的管理，另一方面保证对线下的消费及时性、消费成功率及消费等待时间等网下服务质量的管理，且线上的网站可用性、网站成功率、网站响应时间与线下的消费及时性、消费成功率、消费等待时间一一对应。而关键 QoS 指标中的服务费用合理度、服务描述一致性及服务综合满意度等则始终贯穿于网上与网下的客户感知与评价过程中。

这一协同管理方法使客户在线上 O2O 服务组合的选购过程中感觉愉快而轻松，同时使他们在线下消费体验过程中体会到了高效率的服务，最终为 O2O 服务组合带来更好的口碑，从而使各协同主体获得了更高的盈利。

7.2.3 线上、线下服务渠道协同管理

电子商务中的客户需求各不相同。有些客户在选择线上的 O2O 服务组合之前，更愿意先通过线下的方式真实体会并感受是否值得在网上去购买这项服务，也有些客户只愿意在网上订购 O2O 服务组合，然后再到线下付款并享受相应的服务。为了满足客户的个性化需求，WSI 应该通过提供线上、线下多渠道运营模式对 O2O 服务组合进行管理。

由于 O2O 服务组合与传统企业将产品与服务在电子商务平台上进行售卖存在本质的区别，所以传统企业在进行电子商务业务时存在的渠道冲突在 O2O 服务组合中被弱化，O2O 服务组合使线上服务渠道与线下渠道之间不再只是为了争夺客户而存在的辅助与被辅助的关系，两者之间更应该相互平衡与融合。O2O 服务组合线上、线下服务渠道协同如图 7-7 所示。

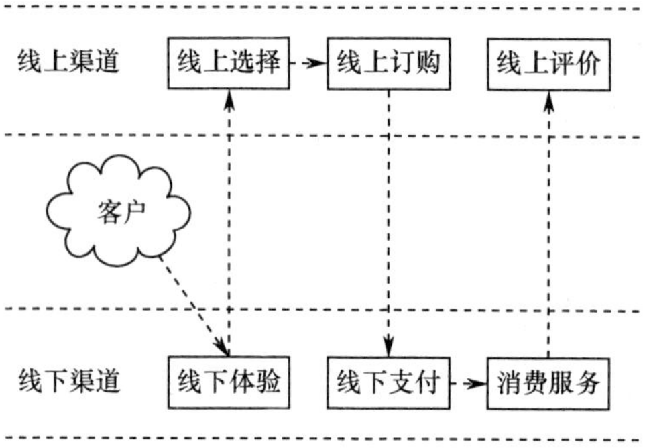

图 7-7 O2O 服务组合线上、线下服务渠道协同

在 O2O 服务组合线上、线下服务渠道协同管理中，线上渠道与线下渠道成为以客户为服务中心的共同利益体，客户在线下体验元服务，在线上进行服务组合选择并订购服务组合，再到线下进行支付并消费相应的服务，最后在线上进行服务消费评价，这样客户就得到了更多的便利，也增加了客户对 O2O 服务组合渠道的满意度。

7.2.4 线上、线下服务沟通协同管理

当下，越来越多的客户不仅只关注对 O2O 服务组合的购买全过程，他们也会在网络中主动参与评价，并向其他网民分享自己的使用心得。因此，线上、线下

还必须实现有效的互动。

O2O 服务组合的线上沟通包括服务组合的基本介绍、客户疑难问题在线解答、FAQ、购买服务咨询、网上自助服务及对客户的个性化推荐等，线下沟通则包括服务使用方法问询及服务享用预约咨询等。线上、线下服务沟通协同需要建立在 WSI 与线下服务供应商之间的服务质量协同的基础上，在保证硬件条件的前提下，及时、有效地与客户实现互动交流，使客户消除购买 O2O 服务组合之后的忧虑。O2O 服务组合线上、线下服务沟通协同如图 7-8 所示。

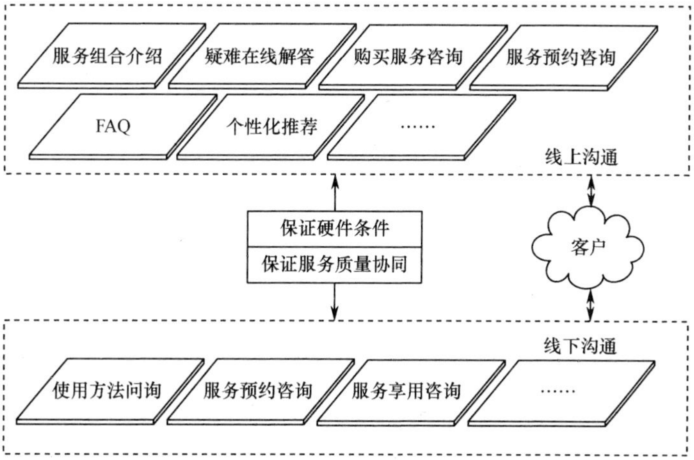

图 7-8　O2O 服务组合线上、线下服务沟通协同

7.3　O2O 服务组合价值网协同管理

前面已经分析了 O2O 服务组合的价值创造实际上是由 O2O 服务组合价值链上的各协同主体共同作用产生的。然而，根据价值链理论及考虑到网络环境的特殊性，O2O 服务组合的价值创造活动已不再局限于传统的、简单的价值链上，而是融合了各种不同的产品和服务，形成了以客户需求为中心的价值网，它是多条复杂的价值链的集合。本节研究基于 O2O 服务组合价值网的协同管理方法。

7.3.1　O2O 服务组合价值网分析

在 O2O 服务组合的价值网中，每个角色的行为都能对整个价值网的价值创造产生复杂的作用。在这种多角色的复杂价值链环境下，价值网包络模式将成为更适合 O2O 服务组合价值创造的分析模式。如图 7-9 所示为 O2O 服务组合的价值包络。

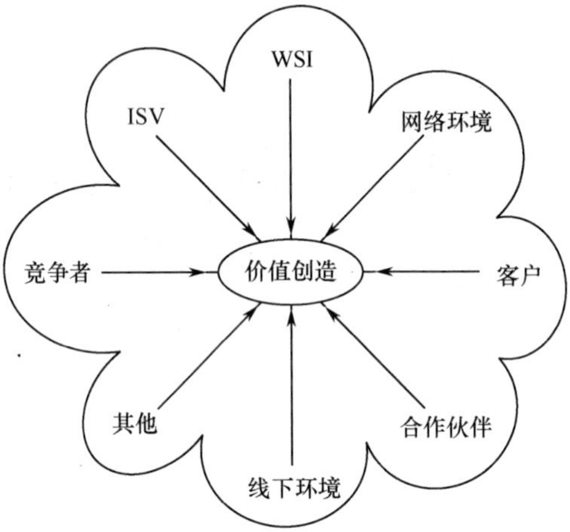

图 7-9　O2O 服务组合的价值包络

在 O2O 服务组合的价值包络中，由 WSI、ISV、竞争者、合作伙伴、客户及其他协同主体共同在网上、网下环境中创造价值。O2O 服务组合的价值包络表明在 O2O 服务组合价值的创造过程中，相关成员之间的关系不再是链状的，而是呈现出不规则的、散射的、网状的关系结构，价值增值的方式也由单一的方式转化为多元化的方式。基于价值网的 O2O 服务组合不仅要考虑对 WSI 自身的整体适应性，更要考虑与外部环境各方面的协同。

在 O2O 服务组合价值包络模式中，价值是通过选择、集成和更新三个步骤创造出来的。WSI 从众多 ISV 中寻找能满足消费者需求的 Web 元服务，这叫做选择过程；WSI 把众多选择后的 Web 元服务进行各种形式的组合，用于满足消费者的服务组合需求，这叫做集成过程；WSI 根据消费者的信息反馈，对 O2O 服务组合进行进一步优化组合，这叫做更新过程。在价值包络的基础上结合以上三个过程，就形成了 O2O 服务组合的价值创造模式，如图 7-10 所示。

由于在网络环境中的不确定因素很多，且 O2O 服务组合具有较大的应用范围，使得 O2O 服务组合价值网的建立十分有必要。O2O 服务组合的价值网必然与其他很多线上和线下的协同主体之间有联系，在这些联系中，各协同主体之间都存在双向关系，正是因为这些双向关系的作用，才使得 O2O 服务组合能创造更多更好的价值，最终为客户带来更好的 O2O 服务组合。

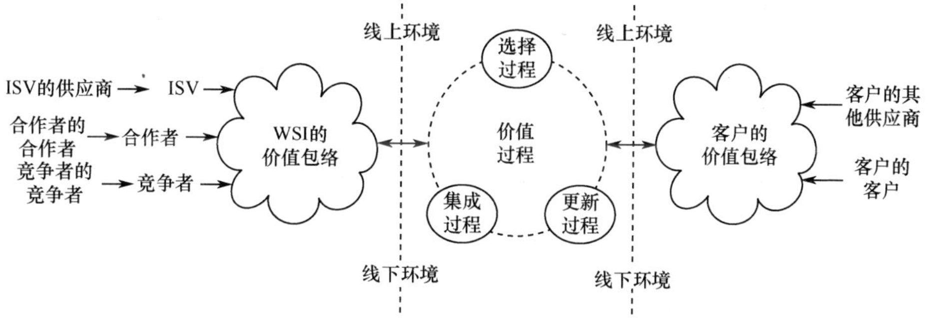

图 7-10　O2O 服务组合的价值创造模式

在 O2O 服务组合中，无论是线上还是线下，各协同主体之间的联系都较为复杂，通常是双向或多向的关系。例如，WSI 与 ISV 之间一般为多向联系，这就使得价值的创造已经由直线型向网状型发展，这样，在 O2O 服务组合的价值被提炼出来的过程中，各协同主体都成为受益者。

7.3.2　基于价值网的 O2O 服务组合协同管理

基于价值网的 O2O 服务组合协同管理是 O2O 服务组合管理最可靠、最现实的模式。O2O 服务组合的发展必须从价值网的角度进行协同管理，以保障 O2O 服务组合价值的最大化。本节研究的基于价值网的 O2O 服务组合协同管理方法，主要包括战略协同、资源协同、信赖协同、质量协同、利益协同及信息协同等方面。同时，整个 O2O 服务组合的协同管理受到少数几个序参量的控制作用。基于价值网的 O2O 服务组合协同管理方法如图 7-11 所示。

1. 战略协同管理

O2O 服务组合战略是整个 O2O 服务组合高效运转，O2O 服务组合价值网整体竞争力提升，以及各协同主体都获得最大利益的有力向导。O2O 服务组合的战略协同是指 WSI 在 O2O 服务组合的选择、集成、优化和更新等核心过程中对其相关的问题进行相应的部署与协调，它是实现 O2O 服务组合协同管理的重要基础，也是 WSI 提供满足客户需求的 O2O 服务组合的指导性协同管理方法。

O2O 服务组合的战略协同如图 7-12 所示。O2O 服务组合的战略协同包括 WSI 内部的战略协同和 WSI 与其他企业之间的战略协同。WSI 内部的战略协同既包括对 O2O 服务组合的整体方案研究、Web 元服务的集成、服务网站策划设计及客户服务功能实施等与 O2O 服务组合相关任务的规划布置，也包括 WSI 的人力资源

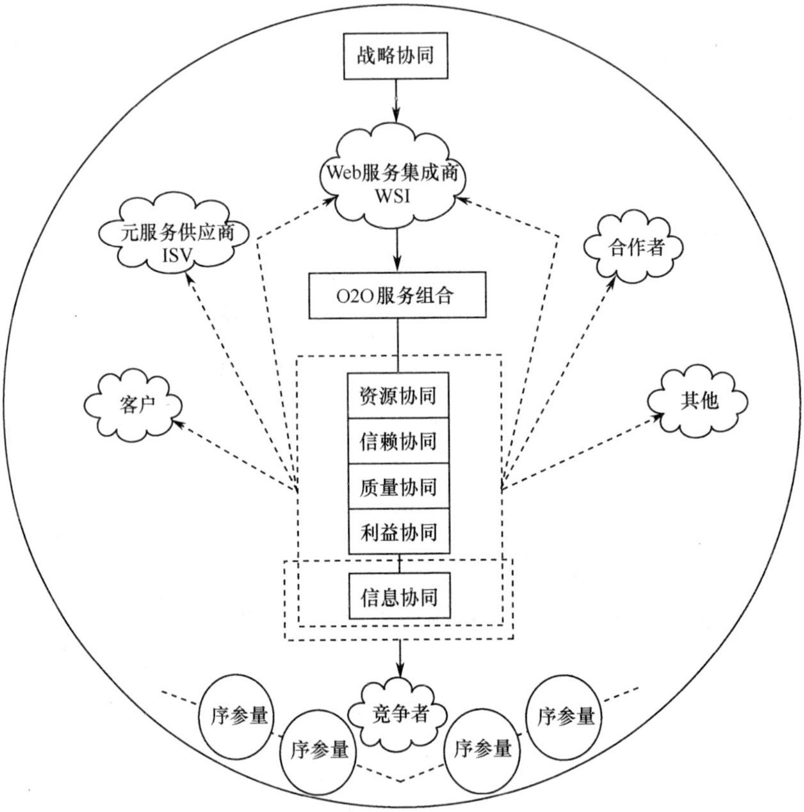

图 7-11　基于价值网的 O2O 服务组合协同管理方法

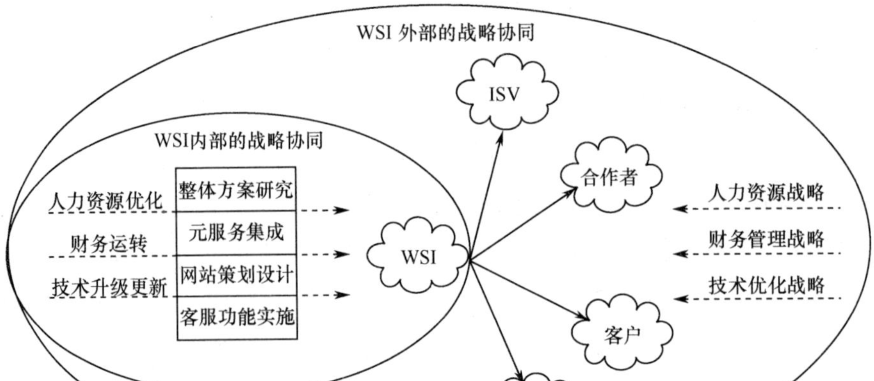

图 7-12　O2O 服务组合的战略协同

优化、财务运转和技术升级更新等方面；WSI 内部的战略协同既体现了整体与部分的协同一致，也体现了部分与部分之间的协同一致。WSI 与其他企业之间的战略协同体现了战略协同由内而外的辐射效应，它摆脱了战略协同只针对 WSI 内部的束缚，将其延伸到 ISV、合作者、竞争者及客户，甚至是 ISV 的供应商、合作者的合作者、竞争者的竞争者、客户的客户及客户的其他供应商，使得各协同主体自身的战略（如人力资源战略、财务管理战略及技术优化战略等）与 O2O 服务组合战略保持一致。

2. 资源协同管理

O2O 服务组合的形成受到各种资源的有力支配，主要包括 O2O 服务资源、信息资源、技术资源及网络资源等，这些资源必然会带来各种价值的转换，实现 O2O 服务组合的价值最大化目标。资源协同就是 WSI 对网络环境和其他非网络环境中的各相关资源合理开发、利用、组合并形成具有价值的 O2O 服务组合的过程。O2O 服务组合资源协同如图 7-13 所示。

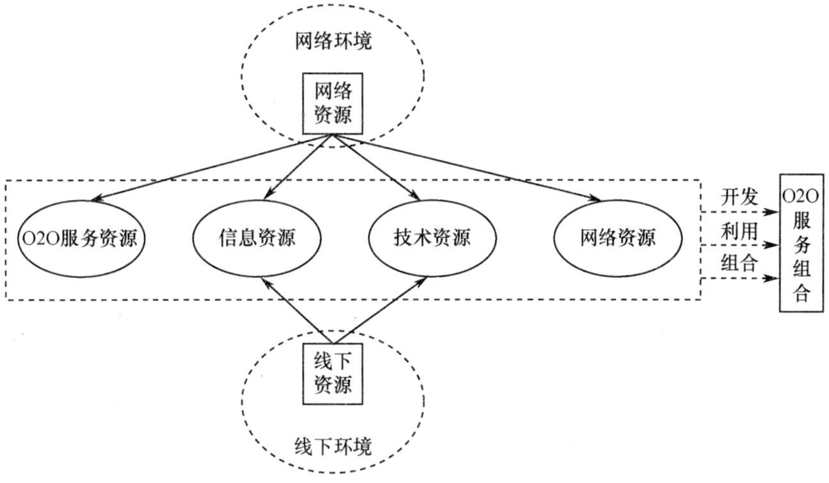

图 7-13　O2O 服务组合资源协同

3. 信赖协同管理

信赖关系是 O2O 服务组合协同管理的必要保障，只有在 WSI 与各 ISV、合作者和客户之间彼此信赖的前提下，才能建立起相互之间良好的合作关系，才能促进 O2O 服务组合产生最大的价值。在缺少信赖协同的 O2O 服务组合中，各协同主体更多地只考虑各自的自身利益，而将风险和成本的压力都尽可能推给对方去承受，这种思想和管理方法只会导致不欢而散的严重后果。信赖协同就是要求 WSI 与各 ISV、合作者和客户之间建立信任管理机制，彼此间共同应对风险，这样就会对他们的利益产生积极正向的作用，从而保证运作效率，提高 O2O 服务组合的竞争优势。O2O 服务组合信赖协同如图 7-14 所示。

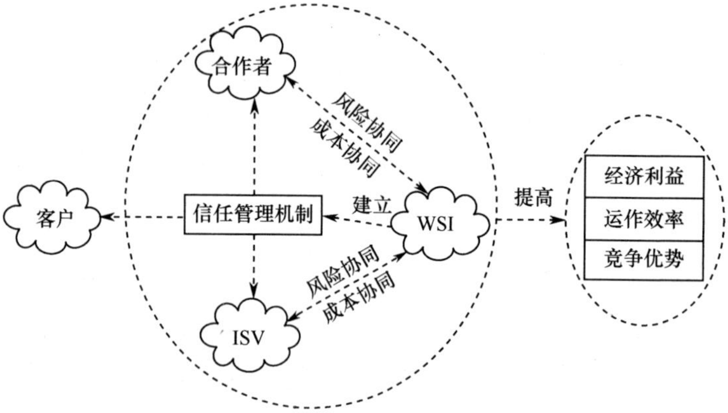

图 7-14　O2O 服务组合信赖协同

4. 质量协同管理

O2O 服务组合的质量是客户用来评判 O2O 服务组合是否满足其需求的一个重要因素，WSI 选择 Web 元服务的首要依据是 Web 元服务是否包含了客户需要的服务功能，其次则会考虑 Web 元服务的成本。而依据第 3 章的分析，客户在选择 O2O 服务组合时，会偏向性或综合性地考虑其经济性、网站的各项性能、客户服务和其他客户反馈等服务质量因素，因此，质量协同就是要求 WSI 在 O2O 服务组合质量的这些方面与 ISV 和客户之间进行协同。具体来说，质量协同一方面要求 ISV 提供的 Web 元服务质量与 O2O 服务组合质量协同，另一方面要求 WSI 提供的 O2O 服务组合质量与客户的个性化服务质量协同。O2O 服务组合质量协同如图 7-15 所示。

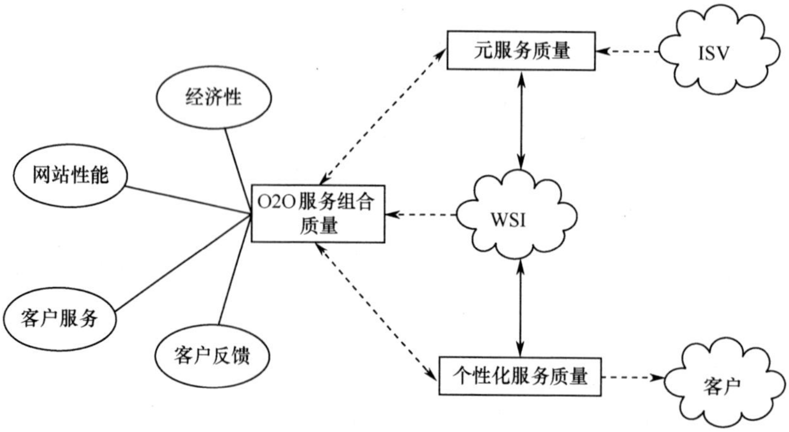

图 7-15　O2O 服务组合质量协同

5. 利益协同管理

利益分配问题是 O2O 服务组合协同管理中一个至关重要的方面，制定出合理的 O2O 服务组合的利益分配方案，是 O2O 服务组合协同管理能否成功的基础。O2O 服务组合的提供者 WSI 通过与各 ISV 和合作者的合作，不断优化配置 O2O 服务组合的功能与质量，在促进整体利益提升的同时，他们之间的合作必然给三方都带来不错的收益。然而，在现实运作过程中，WSI 与各 ISV 及其他各合作者之间存在各种意想不到的利益冲突和矛盾，因此，WSI 应该对不同的 ISV 和合作者建立起利益分配机制，使 O2O 服务组合价值网中的 WSI 与各 ISV 和合作者共同承担风险、分享利益。要实现这种利益分配协同，就必须遵循合理且相对公平的分配原则，这样既能保证 O2O 服务组合价值网的稳定与壮大，又能实现 WSI 与各 ISV 及其他各合作者三方收益的最大化。O2O 服务组合价值网的利益协同必须以保证 WSI、ISV 和合作者的投入与回报相对称为前提，根据资源利用率和实际贡献程度确定收益的分配。同时，应尽可能避免由于企业规模大小而引起的利益分配不均衡等问题。O2O 服务组合利益协同如图 7-16 所示。

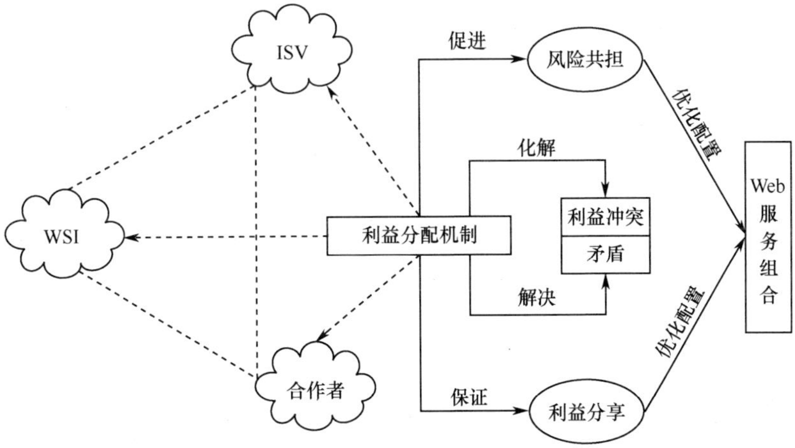

图 7-16　O2O 服务组合利益协同

6. 信息协同管理

信息协同是 O2O 服务组合协同管理成功与否的最关键因素之一，它与 O2O 服务组合协同的所有协同主体都密切相关。无论是提供 Web 元服务的 ISV，还是对 Web 元服务进行集成的 WSI，或是能提供具有相似服务功能 O2O 服务组合的竞争者，都存在获取信息的需求，只有当他们的需求信息以高质量的状态进行传递时，才能有效解决 O2O 服务组合中的各种欺诈问题。在 O2O 服务组合协同管理系统中，处于核心地位的 WSI 可以通过创建完善的信息共享机制和良好的信息共享平台来做到信息协同，这些信息必须是真实有效的，而包括竞争者在内的其余协同主体则可以利用信息共享机制和信息共享平台获取他们需要的信息。

然而，由于竞争者的特殊性，WSI 与他们之间有可能存在信息不对称的情况，所以 WSI 会在信息共享机制和信息共享平台上删减一些会对其自身利益造成威胁的信息，这样一来，虽然竞争者能从 WSI 的信息共享机制和信息共享平台上得到一些他们想要的信息，但这些信息的获取并不会对 WSI 本身造成负面影响。同样地，WSI 也可以利用类似的方法获取竞争者的部分信息。除了竞争者之外的其他协同主体应该顺应 O2O 服务组合的信息策略，为自身建立起信息共享平台，使整个 O2O 服务组合协同系统能真正实现信息共享并发挥其作用，从而促进 WSI 与 ISV、合作者和客户之间建立起长期稳定的合作关系。O2O 服务组合信息协同如图 7-17 所示。

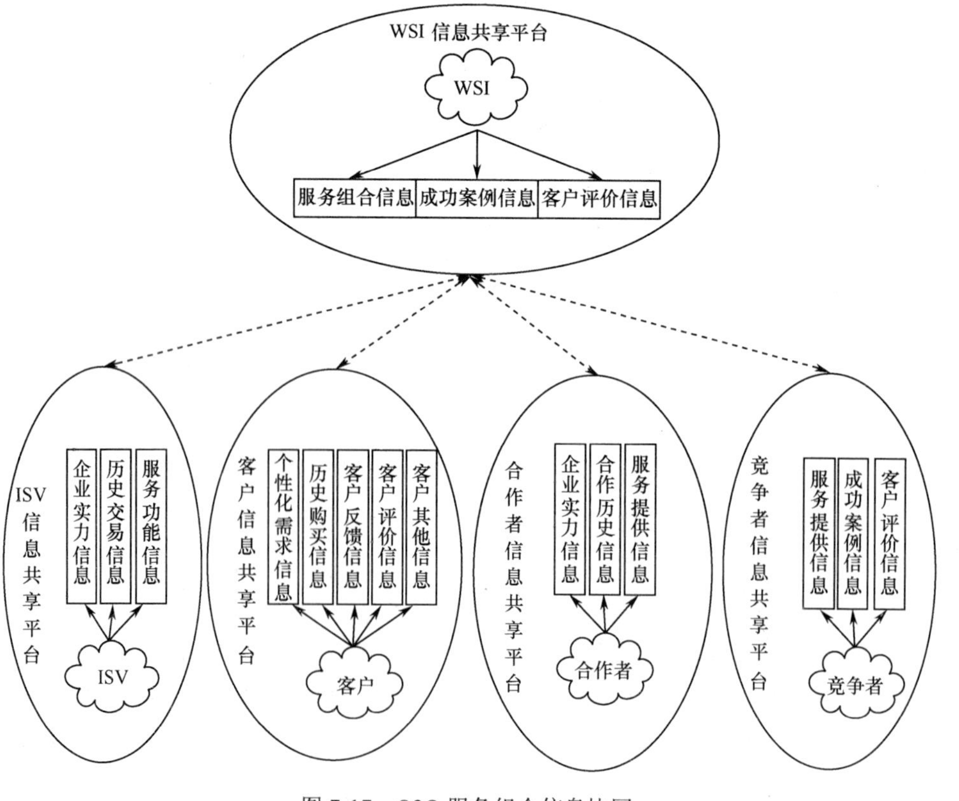

图 7-17　O2O 服务组合信息协同

第 8 章　O2O 服务组合智能推荐方法

8.1　面向用户均衡需求的个体化 O2O 服务组合智能推荐方法

在信息爆炸的大环境下，挖掘用户需求、了解用户消费兴趣并将相应的产品或服务适时、适地地推荐给用户已经成为解决海量信息过载问题的有效办法之一。纵观信息推荐的研究历史，主要经过了从基于内容的推荐到基于协同过滤的推荐再到基于混合模式的推荐三个主要发展阶段，实现了从用户模式的研究视角转换为从信息组织的研究视角并再一次演变成基于关联关系的研究视角。

结合 O2O 服务组合资源自身的特点，考虑现有推荐技术对用户均衡需求的欠缺研究，本章从 O2O 服务组合资源的功能属性和非功能属性研究出发，结合用户兴趣度研究结果来对推荐的 O2O 服务组合资源进行个性化匹配。通过对用户需求 O2O 服务组合资源和供应商提供的服务资源的 FQoS 之间进行概念匹配、结构匹配和文本匹配，以及对两者的 QoS 文本型和数值型属性的匹配，实现基于适合度匹配的 O2O 服务资源发现；同时还以用户风险态度、用户印象值及 Web 服务供应商的声誉情况为三大影响用户兴趣度的推荐因素进行匹配计算，使得整个 O2O 服务资源的推荐更加符合用户的需求，由此得到的推荐结果更为精准。

8.1.1　个体化 O2O 服务资源智能推荐模型

本节提出的个体化 O2O 服务资源智能推荐方法是以用户均衡需求出发，以适合度和兴趣度匹配算法为手段，通过综合考虑 O2O 服务功能、O2O 服务质量和 O2O 服务功能层面上的特性及用户的兴趣层面得以实现的。个体化 O2O 服务资源智能推荐模型如图 8-1 所示。

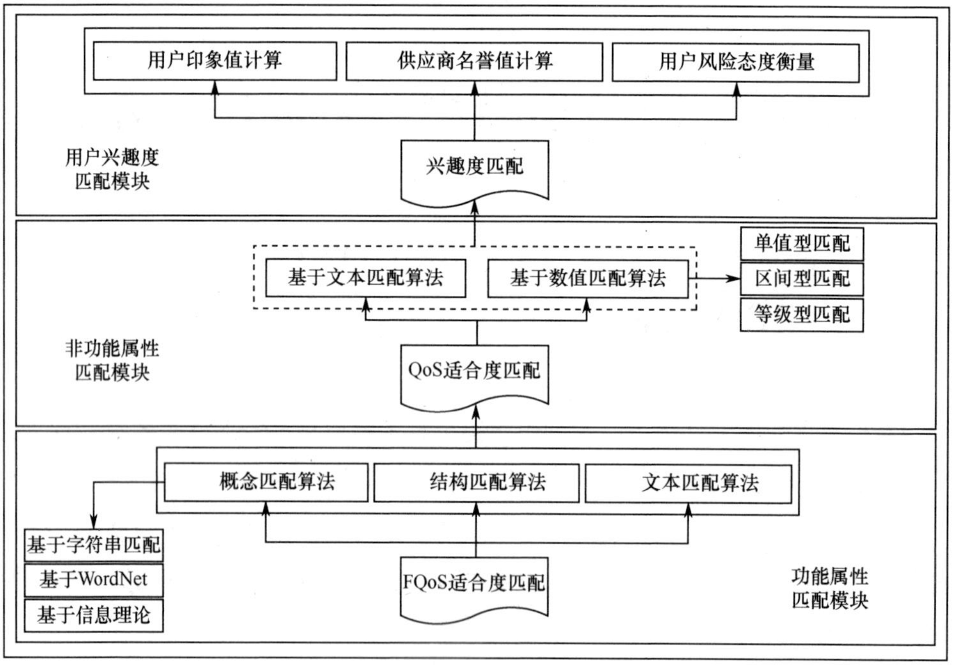

图 8-1　个体化 O2O 服务资源智能推荐模型

图 8-1 所示的推荐模型主要由三大模块组成，自下而上分别是 O2O 服务组合资源功能属性匹配模块、非功能属性匹配模块和用户兴趣度匹配模块。这些模块分别通过 FQoS 适合度匹配计算、QoS 适合度匹配计算及兴趣度匹配计算得以实现。在 FQoS 适合度匹配算法中，由于 O2O 服务组合资源 FQoS 由原子标签、结构化 XML 数据和文本数据三大类型构成，所以针对这三种不同类型 FQoS 的不同特点，将整个 FQoS 适合度匹配计算分割成概念匹配、结构匹配及文本匹配三个分支算法，旨在有针对性地对 FQoS 的结构进行挖掘。其中，概念匹配算法综合考虑了基于字符串匹配、基于 WordNet 和基于信息理论的相似度算法，并提出了 O2O 服务组合资源中复合词的处理方法，不仅有效实现了语义层面上的匹配，更解决了实际应用中复合词所带来的通信障碍。当用户需求信息与 O2O 服务组合资源的描述信息在功能属性模块中得到匹配时，便开始进入非功能属性匹配模块。在 QoS 适合度匹配算法中，结合了基于文本匹配和基于数值匹配两方面的算法，并且对于不同类型的数值分别设计了单值型匹配、区间型匹配和等级型匹配算法。用户兴趣度匹配模块是在用户需求信息与服务资源的描述信息在非功能属性模块得到匹配后实施的。联系在 O2O 服务组合过程中影响用户消费兴趣的因素，提出

了以用户印象值计算、供应商名誉值计算及用户风险态度衡量方法为核心的用户兴趣度匹配算法。

在众多供应商提供的 O2O 服务组合资源中，同时满足 FQoS 适合度、QoS 适合度和兴趣度匹配的结果可能有许多个。本研究提出的个体化推荐是为了查找到与用户多层次需求最为接近的 O2O 服务组合资源，因此在推荐的最后阶段还必须对符合条件的 O2O 服务组合资源按照匹配值进行排序并将其中最大值所在的 O2O 服务组合资源推荐给用户。

8.1.2　基于适合度的 O2O 服务资源智能推荐方法

适合度主要用于衡量用户需求的 O2O 服务组合在功能属性和非功能属性上与服务提供商提供的服务群之间的匹配程度，用于从候选服务群中选择出在服务组合功能、属性及质量上与用户需求最为相近的服务。本节提出的基于适合度的 O2O 服务组合匹配流程如图 8-2 所示。

该匹配流程主要包括 FQoS 适合度匹配和 QoS 适合度匹配两大内容。其中 FQoS 适合度匹配是通过 FQoS 概念匹配、结构匹配和文本匹配三大版块计算得到的，而 QoS 适合度匹配则是将 QoS 属性分成文本型属性和数值型属性两部分结构来进行研究的。

1. FQoS 适合度匹配算法

FQoS 适合度匹配是根据 FQoS 的不同类型计算得到的，主要从概念匹配、结构匹配和文本匹配三方面进行考虑，并将三种方法得到的匹配结果求和取平均值，即：

$$\mathrm{sim}\left(\mathrm{FQoS}_1,\mathrm{FQoS}_2\right)=\frac{\mathrm{sim}\left(c_1,c_2\right)+\mathrm{sim}\left(X_1,X_2\right)+\mathrm{sim}\left(D_1,D_2\right)}{3} \tag{8-1}$$

式中，$\mathrm{sim}\left(\mathrm{FQoS}_1,\mathrm{FQoS}_2\right)$指的是用户需求的 O2O 服务组合资源与供应商提供的 O2O 服务资源之间的 FQoS 适合度，$\mathrm{sim}\left(\mathrm{FQoS}_1,\mathrm{FQoS}_2\right)\in\left[0,1\right]$；$c_1$、$X_1$和 D_1 分别是用户需求 O2O 服务资源对应的概念类型、结构类型和文本类型 FQoS；而 c_2、X_2 和 D_2 则是供应商提供的 O2O 服务资源所对应的概念类型、结构类型和文本类型 FQoS；$\mathrm{sim}\left(c_1,c_2\right)$表示概念 c_1 和 c_2 的相似度匹配值；$\mathrm{sim}\left(X_1,X_2\right)$表示 XML 文档 X_1 和 X_2 的相似度匹配值；$\mathrm{sim}\left(D_1,D_2\right)$表示文档 D_1 和 D_2 的相似度匹配值。

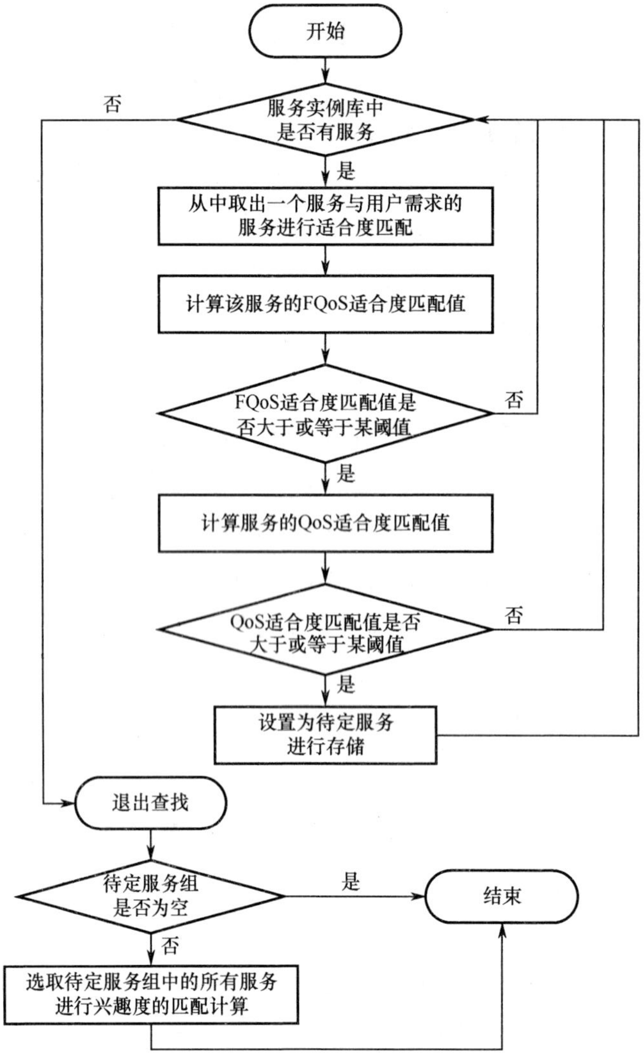

图 8-2　基于适合度的 O2O 服务组合匹配流程

1）FQoS 的概念匹配算法

概念匹配主要用来处理诸如“服务分类”等原子标签类型的 FQoS。本节研究的 FQoS 的概念匹配算法主要借鉴现有的概念的相似度算法。概念的相似度算法在信息检索、本体映射及文本聚类等应用领域中具有十分重要的作用，现阶段已有不少学者对两个概念之间的相似度算法进行了研究，并取得了相应的研究成果。最开始的概念相似度算法并没有将语义的思路引用进来，仅仅是从概念的字面上进行相似度的辨别，如应用较为普遍的基于字符串匹配的概念相似度算法，由于这种算法并没有联系语义关系，所以导致最终计算出来的结果准确性很低。例如，Hotel Reservation 和 Accommodation Booking 都表示“订住宿”的意思，但是仅仅从字面上进行字符串区分则相似结果很低，这与实际结果不相符合。因此，从语义层面上来分析、理解并计算概念之间的相似度显得尤为重要。

目前，概念的语义相似度计算方法主要有基于语义距离的概念相似度算法和基于信息论的概念相似度算法，它们都是通过 WordNet 及中文词典等本体知识库来获取语义信息的。但是在基于语义距离的算法中，其语义距离一般指的是概念在本体之间的最短路径，这就使得其计算过程缺乏一定的客观性，更多地是依赖于主观条件下构建的概念层级结构；而基于信息论的算法则是通过计算每个概念的独立信息来获得两概念之间的共享信息，因而对权威统计的数据要求很高，需要足够多的资料来源。同时，O2O 服务资源本体中存在不少复合词，并且这些复合词一般很难从简单的现有词典或知识本体库中获取，因此传统的概念语义相似度算法并不能有效解决以上问题。

假设 $\mathrm{sim}(c_1, c_2)$ 表示概念 c_1 和 c_2 的综合语义相似度，则该算法可以表示为

$$\mathrm{sim}(c_1,c_2)=w_1\mathrm{sim}_1(c_1,c_2)+w_2\mathrm{sim}_2(c_1,c_2)+w_3\mathrm{sim}_3(c_1,c_2) \tag{8-2}$$

式中，$\mathrm{sim}_1(c_1,c_2)$、$\mathrm{sim}_2(c_1,c_2)$ 和 $\mathrm{sim}_3(c_1,c_2)$ 分别表示三种不同概念相似度算法得到的相似度结果；w_1、w_2 和 w_3 为权重系数，表示每种概念相似度算法在综合概念语义相似度算法中所占的影响程度。$w_1+w_2+w_3=1$，并且 $\mathrm{sim}(c_1,c_2)\in[0, 1]$。

（1）基于字符串匹配的概念语义相似度算法

在本体研究过程中，最为传统的词汇间的相似度计算方法便是基于字符串匹配的算法，它仅仅实现的是字符串之间的形式匹配，并不是一种语义的相似度算法。该方法的基本理念是通过计算字符串的编辑距离来实现元素之间的相似度匹配。编辑距离指的是将一个概念的字符串转换成另一个概念所在字符串的过程中需要的最少操作次数，这些操作主要有替换、插入及删除等。本节采用 Maedche & Staab 所提出的相似度算法：

$$\mathrm{sim}_1(c_1,c_2)=\max\left(0,\frac{\min(|c_1|,|c_2|)-D(c_1,c_2)}{\min(|c_1|,|c_2|)}\right) \tag{8-3}$$

式中，c_1 和 c_2 分别是两个不同的概念；$|c_1|$ 和 $|c_2|$ 表示概念 c_1 和 c_2 所占的字符长度；$D(c_1,c_2)$ 则表示两个概念之间的编辑距离。

这种方法将字符串的编辑距离转换成了一个[0,1]之间的数值。需要注意的是，在该公式的计算过程中，字符串之间的基本编辑操作（包括字符的插入、删除和替换）所执行的代价权重都为1。

（2）基于 WordNet 的概念语义相似度算法

WordNet 是一部基于认知语言学的英文语义词典。它将名词、形容词、动词和副词等有组织地集合起来形成多个同义词集合，并且各同义词集合之间通过不同类型的语义关系相互制约、相互连接，构成了一个词汇的网络。各同义词集合之间的语义关系可以是部分与整体关系、上下位关系、同义关系或反义关系等。WordNet 是一个英语同义词的本体知识库，它将抽象的自然语言概念转化为能够被人类所认知的理论模型，促进了语义网研究及人工智能等领域的应用。综合考虑 WordNet 的语义特点及现阶段各学者对 WordNet 的研究成果，本节采用 Wu-Palmer[34]的语义相似度算法：

$$\mathrm{sim}_2\left(c_1,c_2\right)=\frac{2\times \mathrm{depth}\left(\mathrm{lso}\left(c_1,c_2\right)\right)}{\mathrm{depth}\left(c_1\right)+\mathrm{depth}\left(c_2\right)} \tag{8-4}$$

同样地，c_1和c_2分别是两个不同的概念；$\mathrm{depth}\left(c_1\right)$和$\mathrm{depth}\left(c_2\right)$指的是概念$c_1$和$c_2$在 WordNet 语义树中的深度；而$\mathrm{lso}\left(c_1,c_2\right)$描述的是概念$c_1$和$c_2$的最近共同祖先概念。该方法计算得到的相似值取值也为[0,1]。

（3）基于信息理论的概念语义相似度算法

根据 Ross 的信息理论，本体中的一个概念 c 的频率 Freq（c）可以定义为 $\mathrm{Freq}(c)=\sum\left\{\mathrm{occur}(c_i)\middle|c\in \mathrm{Ancestors}(c_i)\right\}$。式中，概念 c 的任何一个祖先节点 a 的出现频率一定是不小于 c 的出现频率的，即$\mathrm{Freq}(a)\geqslant \mathrm{Freq}(c)$，这是因为所有 a 的子节点都包含 c 的子节点。

c 的信息内容可定义为：$\mathrm{IC}(c)=-\log(\mathrm{Prob}(c))$，式中的$\mathrm{Prob}(c)=\mathrm{Freq}(c)/N$，$N$表示本体语料库中所有概念的总和。

在语义相似度计算中，两个概念之间的相似度与它们之间共享信息的程度有关。因此给定概念 c_1和 c_2，则它们的共享信息可以表示为两个概念之间的信息相似程度最高的祖先节点的信息内容，即$\mathrm{share}(c_1,c_2)=\max\left\{\mathrm{IC}(a)\middle|a\in \mathrm{sub}(c_1,c_2)\right\}$，式中的$\mathrm{sub}(c_1,c_2)$指的是同时包含 c_1 和 c_2 的概念。

为了便于计算，不少学者直接将概念 c_1 和 c_2之间的语义相似度等同于两者的共享信息，即$\mathrm{sim}(c_1,c_2)=\mathrm{share}(c_1,c_2)=\max\left\{\mathrm{IC}(a)\middle|a\in \mathrm{sub}(c_1,c_2)\right\}$，但是由于该方

法得到的最终结果取值并不是[0,1]，这就导致无法与上述两种概念语义相似度算法得到的匹配结果统一起来。因此，为了实现标准化，定义基于信息内容的概念语义相似度算法公式如下：

$$\mathrm{sim}_3(c_1,c_2)=\frac{2\times \mathrm{share}(c_1,c_2)}{\mathrm{IC}(c_1)+\mathrm{IC}(c_2)} \tag{8-5}$$

值得注意的是，在整个 O2O 服务组合的 FQoS 匹配过程中，出现的服务名称等概念很多都是诸如“ReservationBooking”这种类型的复合词。这种复合词比一般简单的单独词更能提供信息内容，因为各构成复合词的单独项之间都具有一定的联系，而这种联系将会限制这些单独项的词义。换句话说，复合词所表达的意思比单独词更为明确。因此，计算复合词之间的语义相似度对于整个 FQoS 的匹配尤为重要。考虑到复合词的特殊性，对复合词进行标准化：首先分解复合词，得到若干原子词汇；然后分析这些原子词汇的形态，发现其基本形式；最后适当去掉一些没有表达意义的诸如停顿词的词汇。在对复合词标准化后，采取以下步骤来解决 FQoS 中的复合词匹配（为了更好地理解计算过程，本节以“Reservation Booking”和“Hotel Accommodation”为例进行说明）。

①对两个需要匹配的复合词进行标准化，并将得到的相关原子词汇作为节点构建一个完全连通的二部图。标准化后得到的四个原子词汇分别是 Reservation、Booking、Hotel 和 Accommodation，而它们构成的二部图则如图 8-3 所示。

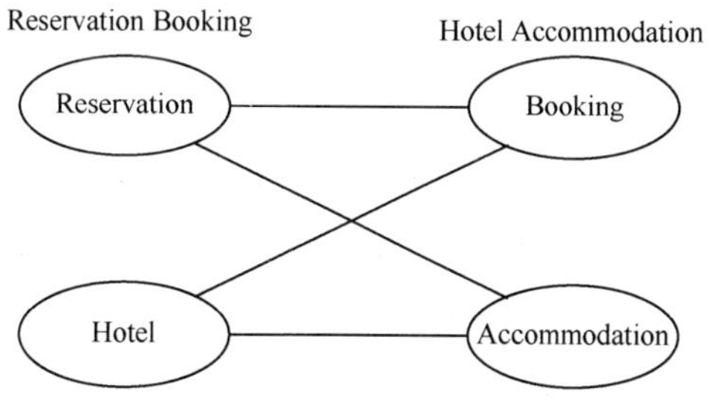

图 8-3　构建二部图

②利用上述方法中提到的概念语义相似度计算方法分别计算某一个复合词的原子词汇与另一个复合词的原子词汇之间的相似度，并将所得值作为两个原子词汇连接边上的权重。概念的语义匹配还是采用基于字符串、基于 WordNet 和基于信息理论的综合算法得到，根据计算得到的结果为 $\mathrm{sim}(\mathrm{Reservation},\mathrm{Booking})=0.954$、$\mathrm{sim}(\mathrm{Reservation},\mathrm{Accommodation})=0.748$、$\mathrm{sim}(\mathrm{Hotel},\mathrm{Booking})=0.207$，以及

$\text{sim}(\text{Hotel}, \text{Accommodation}) = 0.632$，如图 8-4 所示。

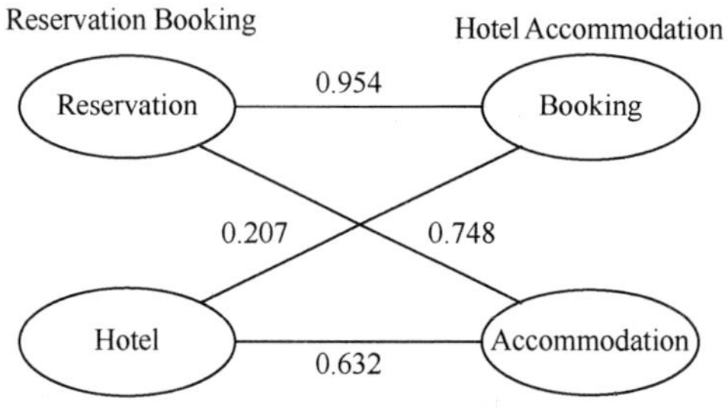

图 8-4　计算二部图的边权值

③利用二部图的最大流匹配方法来解决节点之间的分配问题。由于 $(0.954+0.632)>(0.748+0.207)$，所以得到的分配结果如图 8.5 所示。

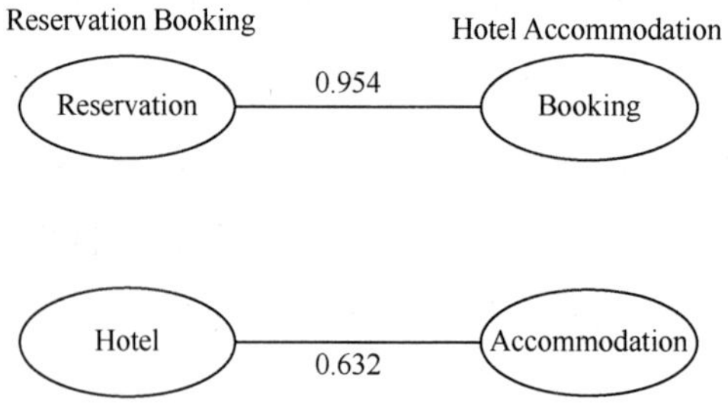

图 8-5　二部图最大流分配

④以匹配后得到的权值总和为分子，以两个复合词分解得到的有效原子词汇个数中的较大值为分母，构建计算复合词相似度的分数，即：

$$\begin{aligned}&\text{sim}(\text{ReservationBooking}, \text{HotelAccommodation})\\&=(0.954+0.632)/\max(2,2)=0.793\end{aligned}$$

2）FQoS 的结构匹配算法

结构匹配用来处理诸如"输入/输出数据定义"等的结构化 XML 类型的 FQoS。结构匹配比概念匹配过程更为复杂，因为需要在原子标签的基础上对更多的复杂树形结构（如 XML DOM 树形结构）进行分析。现阶段使用比较多的树形结构匹配主要包括节点、边界和路径匹配，树的编辑距离（TED）计算，标签相似度计算及基于转换次数的匹配等，这些方法不仅存在时间复杂度大的问题，而且也没有充分考虑到 XML 文档结构中的重复元素和嵌套元素。

根据 XML 文档的特点可以发现：（1）XML 文档具有层次结构关系，其文档树的路径信息刚好表达了层次结构关系；（2）在 XML 文档中，离根节点越近的元素往往比离根节点较远的元素更能反映该文档的结构内容；（3）整个 XML 文档中存在重复结点和嵌套的层次结构，它们对于整个 XML 文档的相似度影响并不大。因此，本研究首先利用 XML 文档树的层次结构关系抽取出相应的文档特征信息；然后根据建模后的层次模型对不同层次的结点元素进行不同的权重分配，使得高层次的结点元素权重大于低层次的结点元素权重；最后利用相似度计算公式对两 XML 文档进行匹配，计算公式如式（8-6）所示：

$$\mathrm{sim}(X_1,X_2)=\frac{X_1\text{和}X_2\text{中公共结点的权重}}{X_1\text{和}X_2\text{所有结点的权重}}=\frac{\sum_{i=1}^{L_1}{w_{1i}}^{L_1-i}\times s_{1i}+\sum_{j=1}^{L_2}{w_{2j}}^{L_2-j}\times s_{2j}}{\sum_{i=1}^{L_1}{w_{1i}}^{L_1-i}\times s_{1m}+\sum_{j=1}^{L_2}{w_{2j}}^{L_2-j}\times s_{2n}} \tag{8-6}$$

式中，L_1 和 L_2 分别表示文档 X_1 和文档 X_2 的层数；w_{1i} 和 w_{2j} 分别指文档 X_1 中第 i 层节点的权重及文档 X_2 中第 j 层节点的权重；s_{1i} 表示文档 X_1 中第 i 层节点与文档 X_2 中相同的节点个数；s_{2j} 表示文档 X_2 中第 j 层节点与文档 X_1 中相同的节点个数；而 s_{1m} 和 s_{2n} 则分别表示文档 X_1 中第 m 层节点的总数及文档 X_2 中第 n 层节点的总数。经过式（8-6）所得的计算结果也在[0,1]之间。

3）FQoS 的文本匹配算法

文本匹配用来处理诸如“注释”等文本数据类型的 FQoS，可以通过静态文本挖掘技术得以实现，主要是通过计算两个或多个文本之间的相似度来获得其匹配程度的度量值。本节主要采用统计学方法中的向量空间模型（VSM）来对文本类型的 FQoS 进行相似度匹配。VSM 是 20 世纪 70 年代被提出的一种广泛使用于文本分类聚类及信息检索等研究领域的代数模型。该模型忽略了文本中词和词之间的相关性和顺序性，将整个文本看成多个特征项的集合，通过分析这些特征项的分布规律和统计规律来简单考察文本之间的相似度。在 VSM 中，文本 D 可以用特征项集合表示为 $D=\{t_1,t_2,\cdots,t_k,\cdots,t_n\}$，其中 t_k 指的是文本的第 k 个特征项；n 指的是特征项的个数。在文本 D 的向量化过程中，通常会根据 t_k 在文本中的重要程度赋予一定的权重 w_k，因此文本 D 又可以详细描述为 $D=\{t_1,w_1,t_2,w_2,\cdots,t_k,w_k,\cdots,t_n,w_n\}$。将 $t_1,t_2,\cdots,t_k,\cdots,t_n$ 看成坐标系，则 $w_1,w_2,\cdots,w_k,\cdots,w_n$ 便成为其相对应的坐标值，而 $D=\{t_1,w_1,t_2,w_2,\cdots,t_k,w_k,\cdots,t_n,w_n\}$ 就可以构成一个 n 维的文本向量空间。

在对两个或多个文本进行相似度匹配前，首先要进行文本的分词处理，即通过对文本的结构分析剔除无关紧要的符号或没有表达意义的词条，并挖掘出其潜在的特征词项，根据文本中的特征词项将文本映射为相应的 n 维空间向量。然后再利用式（8-7）来比较向量之间的余弦系数，余弦值越大则表明文本之间的相似度越高：

$$\mathrm{sim}(D_1,D_2)=\cos\theta=\frac{\sum_{k=1}^{n}w_{1k}\times w_{2k}}{\sqrt{\left(\sum_{k=1}^{n}{w_{1k}}^2\right)\times\left(\sum_{k=1}^{n}{w_{2k}}^2\right)}} \tag{8-7}$$

式中，w_{1k} 指的是特征项 k 在文本 D_1 中的权重值；w_{2k} 指的是特征项 k 在文本 D_2 中的权重值。它们均通过 TF-IDF 公式计算得到：

$$w_{ik}=\frac{\mathrm{tf}_{ik}\log(N/n_k+0.5)}{\sqrt{\sum_{k=1}^{n}(\mathrm{tf}_{ik})^2\times\left[\log(N/n_k+0.5)\right]^2}} \tag{8-8}$$

式中，w_{ik} 描述的是特征项 k 在文本 D_i 的权重值；tf_{ik} 指的是特征项 k 在文本 D_i 中出现的次数，即词频；$\log(N/n_k+0.5)$ 表示特征词 k 的倒排文本频率，N 为匹配文本的个数（这里为 2），n_k 指的是含有特征项 k 的文本数。同样地，由于这里计算的相似度是通过余弦值得到的，故最终结果取值为[0,1]。

2. QoS 适合度匹配算法

用户对 Web 服务的功能性需求可以通过 FQoS 功能参数之间的语义匹配得以实现，但是对于 QoS 这种非功能性的 Web 服务需求则需要通过 QoS 参数之间的语义匹配来实现。QoS 参数所包含的内容同时具有语义信息和数值信息，传统的单纯忽略语义从数值上进行匹配的算法或从语义上进行概念相似度计算已经不能满足 QoS 的这种双重特性。因此，QoS 参数适合度的匹配过程属于“对象”之间的匹配，即不仅是 QoS 参数名称之间的概念匹配，还包括整个 QoS 值和其所对应的单位之间的匹配。例如，“响应时间”和“价格”描述的分别是两个不同方向的 QoS 属性，属于两个完全不相容的概念，因此将两者进行比较是毫无意义可言的，即使它们最终的 QoS 值相同。同样地，由于存在单位的不一致性，将 5 美元和 6 元人民币进行适合度计算也是没有必要的。因此，必须将基于文本的 QoS 参数和基于数值的 QoS 参数综合起来进行考虑。本节将 QoS 适

合度定义为

$$\mathrm{sim}\left(\mathrm{QoS}_1,\mathrm{QoS}_2\right)=\frac{\mathrm{sim}\left(w_1,w_2\right)+\mathrm{sim}\left(d_1,d_2\right)}{2} \tag{8-9}$$

式中，$\mathrm{sim}\left(\mathrm{QoS}_1,\mathrm{QoS}_2\right)$指的是用户需求的 Web 服务资源与供应商提供的 Web 服务资源之间的 QoS 适合度，$\mathrm{sim}\left(\mathrm{QoS}_1,\mathrm{QoS}_2\right)\in[0,1]$；$w_1$ 和 d_1 分别是用户需求 Web 服务资源对应的文本型和数值型 QoS，而 w_2 和 d_2 则是供应商提供的 Web 服务资源对应的文本型和数值型 QoS；$\mathrm{sim}\left(w_1,w_2\right)$ 指的是文本型 QoS 之间的匹配相似值；而 $\mathrm{sim}\left(d_1,d_2\right)$ 表示数值型 QoS 之间的匹配相似值。

1）基于文本的 QoS 适合度匹配算法

这里的文本既可以指 QoS 参数的属性名称，如可靠性及安全性；也可以指 QoS 属性的单位，如美元及毫秒等。但是由于本节并没有研究单位之间的换算机制，所以单纯地从字面上对属性的单位进行语义层面上的匹配是完全没有必要的。这里仅仅从属性名称的角度来考虑文本型的 QoS 参数。

基于文本的QoS适合度匹配算法将用户需求的QoS参数从文本概念层次上与 Web 服务提供商提供的服务群 QoS 参数进行适合度计算，即：

$$\mathrm{sim}\left(w_1,\mathrm{w}_2\right)=\mathrm{sim}\left(C_1,C_2\right) \tag{8-10}$$

式中，C_1 和 C_2 分别表示用户需求的 Web 服务资源 QoS 参数名称和提供商提供的 Web 服务资源 QoS 参数名称。

2）基于数值的 QoS 适合度匹配算法

数值型 QoS 参数一般包括单值型（如服务价格为 90 美元）、区间型（如响应时间在 0～100ms 之间）及等级型（如安全性可以为很低、低、一般、高及很高）。基于不同类型 QoS 参数的不同数值特点，下面分别对每种类型的匹配方法进行说明。

（1）单值型 QoS 参数的匹配

由于单值型QoS参数比较简单，它是其他两种类型QoS参数的基础表达方式，所以只有先考虑单值型QoS参数的匹配方式才能研究区间型和等级型的QoS参数匹配。假定 Q_1 和 Q_2 是两个具有正向趋势的单值型 QoS 参数；m 和 n 分别是它们经过数值化定量后获得的属性值，并且 m 和 n 的取值在[0,1]区间内；$\mathrm{sim}(m,n)$ 表示 m 和 n 之间的数值相似度，且 $\mathrm{sim}(m,n)\leqslant 1$。由相似度特性可以知道，当 m 和 n 的取值越接近时，两者的相似度 $\mathrm{sim}(m,n)$ 就会越接近于 1，而当 m 的取值为 0 或 1 时，则表明 m 和 n 之间的差距太大，即 $\mathrm{sim}(m,n)=0$。因此，以 m 的取值为横坐标，以 m 和 n 的相似度为纵坐标，可以得到如图 8-6 所示的坐标轴。

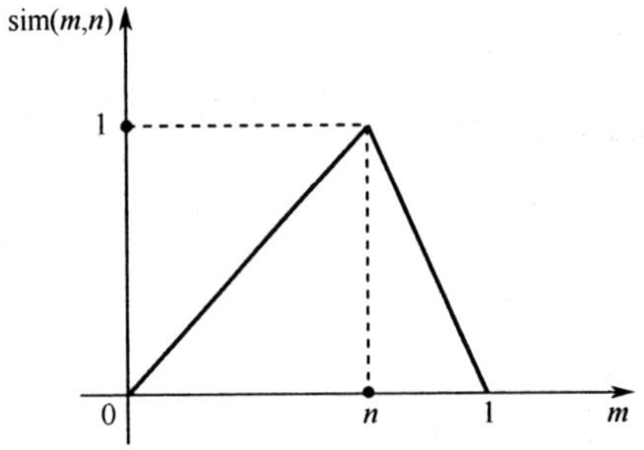

图 8-6　坐标轴（1）

但是图 8-6 并没有给出 m 和 n 所对应的 QoS 参数 Q_1 和 Q_2 自身的特点，即两者均具有正向的属性趋势，其对应的数值越大越好。换句话说，当 m 的取值为两个与 n 距离相同的值 a 和 b（$a<n<b$ 且 $|a_n|=|n_b|$）时，根据正向趋势的特点，m 的取值为 b 时的相似度比取值为 a 时大。因此，必须对图 8-6 进行适当的改正，将正向属性趋势的特点表达出来，见图 8-7。

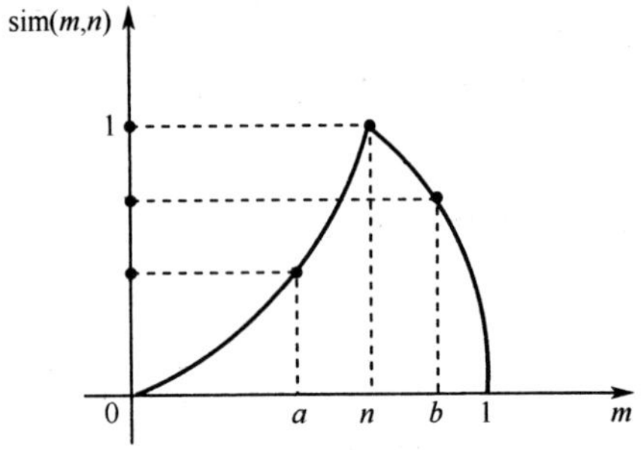

图 8-7　坐标轴（2）

类似地，当 Q_1 和 Q_2 是两个具有反向趋势的单值型 QoS 参数时，其所表达的相似度关系相反，可以用图 8-8 表示。

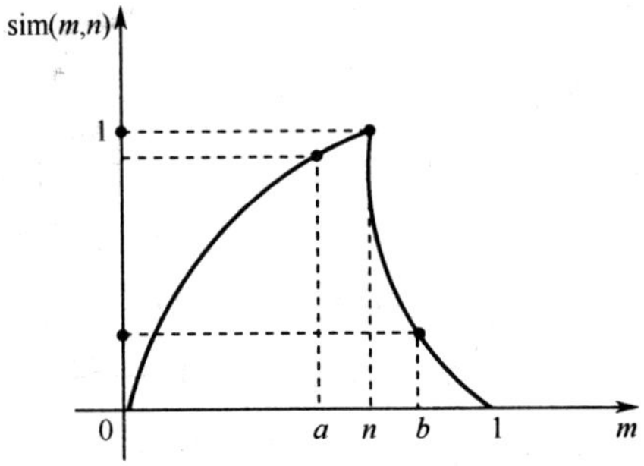

图 8-8　坐标轴（3）

根据图 8-7 和图 8-8 的性质，本节参考刘斌中提到的仿真函数来进行定义。令 $\alpha=\min\left\{\frac{1}{n^2},\frac{1}{(n-1)^2}\right\}$，由于 QoS 参数的属性趋势只能为正向或反向两者中的一种，则有

正向 QoS 属性趋势：

$$\mathrm{sim}_Z(m,n)=\begin{cases}\dfrac{m}{n}+\alpha m(m-n) & \text{当}\quad 0\leqslant m\leqslant n\quad\text{时}\\ \dfrac{m-1}{n-1}-\alpha(m-1)(m-n) & \text{当}\quad n\leqslant m\leqslant 1\quad\text{时}\end{cases}\tag{8-11}$$

反向 QoS 属性趋势：

$$\mathrm{sim}_F(m,n)=\begin{cases}\dfrac{m}{n}-\alpha m(m-n) & \text{当}\quad 0\leqslant m\leqslant n\quad\text{时}\\ \dfrac{m-1}{n-1}+\alpha(m-1)(m-n) & \text{当}\quad n\leqslant m\leqslant 1\quad\text{时}\end{cases}\tag{8-12}$$

在 Web 服务推荐过程中，当用户 QoS 值与服务提供商提供的服务 QoS 值一一进行匹配时，满足“正向趋势属性值越大越好，负向趋势属性值越小越好”的基本原则，因此采用式（8-11）和式（8-12）计算得到的数值相似度能够有效表明相似度越大的，该服务越符合用户的 QoS 需求。

（2）区间型 QoS 参数的匹配

由于区间型 QoS 参数的取值特点，在对区间型 QoS 参数进行匹配时必须考虑区间的上界和下界，即最大值和最小值。假设 Q_1 和 Q_2 表示两个区间型的 QoS 参数，且 m 和 n 为 Q_1 的上界和下界，s 和 t 为 Q_2 的上界和下界，即 Q_1 和 Q_2 可以分别用$[m,n]$和$[s,t]$度量表示。当且仅当 $m=s$ 且 $n=t$ 时，两个区间才算是完全重合，Q_1 和 Q_2 的数值相似度为 1，否则两个 QoS 参数的数值相似度将会随着两个区间差异的不断扩大而不断减小。因此，可以得出区间型的 QoS 参数之间的数值相似度是直接由其最大值及最小值之间的关系计算得到的。而考虑到极端值之间的相似度是单值型数值相似度，则区间型 QoS 参数之间的数值相似度是由其最大值之间的数值相似度和最小值之间的数值相似度决定的，并且能够随着最大值和最小值的相似度增大而相应增大，随着其减小而相应减小。假定 $\mathrm{sim}([m,n],[s,t])$ 表示两个参数 Q_1 和 Q_2 的区间值$[m,n]$和$[s,t]$的数值相似度；$\mathrm{sim}([m,s])$ 表示区间最小值之间的数值相似度；$\mathrm{sim}([n,t])$ 表示区间最大值之间的数值相似度，则 Q_1 和 Q_2 的数值相似度可以描述为

$$\mathrm{sim}([m,n],[s,t])=\sqrt{\frac{\mathrm{sim}([m,s])^2+\mathrm{sim}([n,t])^2}{2}} \tag{8-13}$$

该公式表明 Q_1 和 Q_2 的数值相似度由两区间的顶点值确定，并且很好地阐释了两个区间之间的相近程度能够反映出对应 QoS 参数的数值相似度的事实。

（3）等级型 QoS 参数的匹配

等级型 QoS 参数的值可以表示为等级范围[1,2,3,…,n]中的其中一个，它相当于一个模糊化的单值，在经过标准化定量后取值范围也为[0,1]。两个等级型的 QoS 参数之间的数值匹配可以简单看成模糊的单值匹配，因此可以采用上述单值型 QoS 参数的匹配方法来实现。

8.1.3 基于兴趣度的 O2O 服务资源智能推荐方法

以往基于兴趣度的研究一般都是通过获取用户的消费偏好来进行分析的。而本研究中的兴趣度指的是用户有可能对某服务资源产生消费冲动的程度，是通过综合考虑用户对服务供应商的印象值、名誉值及用户接受风险的程度三方面来进行研究的。

在典型的商业环境中，每一个用户会根据自身与服务供应商的互动而对其产生不同的印象。同样地，在 O2O 服务过程中，只有当服务供应商在之前提供过令用户满意的产品服务或有过成功的服务推荐，才能让用户对其产生较好的印象。参照 Dickson 等人的研究，将用户 i 对于服务供应商 j 的印象值 IMP_{ij} 定义为

$$\mathrm{IMP}_{ij}=f_i\left(\sum \mathrm{gain}_{ij},\sum \mathrm{loss}_{ij},s_{ij},n_{ij}\right) \tag{8-14}$$

该函数由四部分组成，其中 $\sum \mathrm{gain}_{ij}$ 指的是用户 i 过去在服务供应商 j 对其做的服务推荐中所获得的效用总和；$\sum \mathrm{loss}_{ij}$ 指的是用户 i 过去在服务供应商 j 对其做的服务推荐中所获得的损失总和；s_{ij} 表示服务供应商 j 在过去对用户 i 所做的服务推荐中成功次数的总和；而 n_{ij} 表示用户 i 从服务供应商 j 那里获得服务推荐的总次数。根据实际消费经验和消费者的消费心态，本节认为用户印象值 IMP_{ij} 需满足以下条件：

（1）$\mathrm{IMP}_{ij}\in[-1,1]$，$-1$ 为最差印象值，1 为最佳印象值，用户的初始印象值设为 0；

（2）当服务供应商推荐服务的成功率上升时，用户印象值也随之增加；

（3）当$\sum \text{gain}_{ij}$增加时，用户印象值也相应增加；相反地，当$\sum \text{loss}_{ij}$增加时，则用户印象值相应减小；

（4）如果$\sum \text{gain}_{ij} \geqslant \sum \text{loss}_{ij}$，则当$s_{ij} = n_{ij} - s_{ij}$时，$\text{IMP}_{ij} = 0$；当$s_{ij} > n_{ij} - s_{ij}$时，$\text{IMP}_{ij} > 0$；当$s_{ij} < n_{ij} - s_{ij}$时，$\text{IMP}_{ij} < 0$；

（5）如果$\sum \text{gain}_{ij} < \sum \text{loss}_{ij}$，则$\text{IMP}_{ij} < 0$。

为满足上述条件，引入以下仿真函数作为用户印象值的计算方法：

$$\text{IMP}_{ij} = \begin{cases} 0 & n = 0 \\ \dfrac{s-(n-s)}{n} & \sum \text{gain}_{ij} = \sum \text{loss}_{ij} \\ -\left(\dfrac{s-(n-s)}{n}\right)\left(\dfrac{\sum \text{gain}_{ij} - \sum \text{loss}_{ij}}{\sum \text{gain}_{ij} + \sum \text{loss}_{ij}}\right) & \sum \text{gain}_{ij} < \sum \text{loss}_{ij} \text{并且} s \leqslant n-s \\ \left(\dfrac{s-(n-s)}{n}\right)\left(\dfrac{\sum \text{gain}_{ij} - \sum \text{loss}_{ij}}{\sum \text{gain}_{ij} + \sum \text{loss}_{ij}}\right) & \text{其他情况} \end{cases} \tag{8-15}$$

服务供应商的名誉值是所有用户对其印象值的综合度量，是服务供应商一个重要的社会象征。考虑到每一个用户的诚信及是否对印象值准确度量将会影响到名誉值的计算，本节引入了权重的概念，即针对不同的用户印象值赋予不同的百分比信任度，则服务提供商j的名誉值REP_j的计算公式如下：

$$\text{REP}_j = \frac{\sum w_{ij} \times \text{IMP}_{ij}}{N} \tag{8-16}$$

式中，w_{ij}表示用户i对服务供应商j的印象值的可信度，取值在$[-1,1]$之间；N是所有用户的总和。

不同的消费者在面对风险时的态度是不一样的。当某个 Web 服务供应商提供的服务失败时，有些用户会坚决不再相信该服务供应商并终止重复消费，而有些用户则可能再给其一次机会，这就意味着不同的用户之间存在不同的风险接受程度。用户根据对风险的接受程度不同可以分成风险偏好型、风险逃避型及风险中立型，这种面对风险所采取的消费态度会大大影响用户的消费习惯。因此，在对 Web 服务进行推荐的过程中，考虑用户对于风险接受程度的高低也是十分必要的。本节将用户i的风险接受程度设为r_i，$r_i \in [0,1]$。当$r_i = 0$时，表明用户面对风险采取的是逃避的方式；而当$r_i = 1$时，表明用户是风险寻求型的消费态度。

根据上述对于印象值、名誉值和风险接受度的阐述，本节提出用户兴趣度函

数 $\text{INTEREST}_{ij}=f(\text{IMP}_{ij},\text{REP}_j,r_i)$，式中的 IMP_{ij}、REP_j 和 r_i 分别为用户 i 对服务供应商 j 的印象值、服务供应商 j 的名誉值及用户 i 的风险接受程度。同样地，联系实际消费习惯和用户的消费心理，INTEREST_{ij} 也必须满足以下条件：

（1）当印象值减少时，用户兴趣度也相应减少，反之则相应增加；

（2）当服务供应商的名誉值减少时，用户兴趣度也相应减少，反之则相应增加；

（3）当用户接受风险程度降低时，用户兴趣度也相应减少，反之则相应增加。

因此，用户兴趣度的计算公式可以表示为

$$\text{INTEREST}_{ij}=\frac{2r_i\times\text{IMP}_{ij}+\text{REP}_j}{3} \tag{8-17}$$

8.2 基于社会网络的社区化 O2O 服务资源智能推荐方法

8.2.1 O2O 服务用户的社会网络构建

对于 O2O 服务资源推荐系统来说，构建用户社会网络能够帮助目标用户找到兴趣相投、习性相近的消费用户，同时可通过适当的推荐方法对用户社会网络中的成员进行有类别的有效推荐。本节考虑将协同推荐算法中的“用户—项目评级矩阵”投射到用户社会网络中，利用“用户—项目评级矩阵”计算出各用户之间的相关性，并以此为基础得到用户的关系矩阵，如图 8-9 所示。

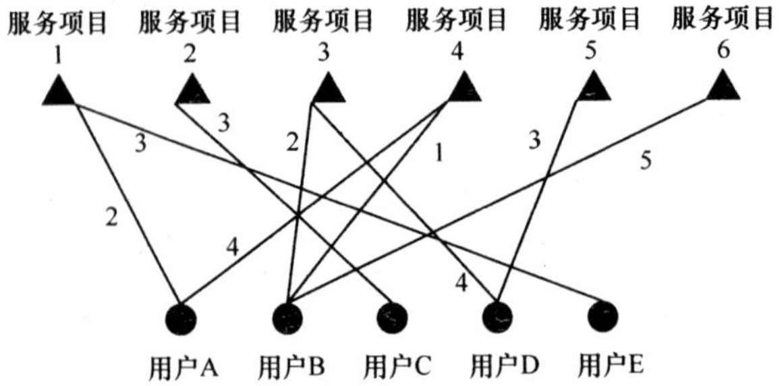

图 8-9 用户—项目关系图

图 8-9 中的三角形节点表示 Web 服务的项目组；圆形节点表示用户组；用户和项目间的连线表示用户使用过该服务项目且对其进行了评级；连线上的数值表示用户对项目的评级值，评级值越大，表示用户对服务项目的满意度越高，若用

户与某一项目间没有任何连接线，则表示该用户没使用过该项目或使用后没给出评级值。本节假设评级值的取值范围为[1,5]。设服务项目有 s 个，用户数量为 t，根据用户—项目关系图构建得到的“用户—项目评级矩阵” $\boldsymbol{M}$ 如式（8-18）所示：

$$\boldsymbol{M}=\begin{bmatrix} r_{11} & r_{12} & L & r_{1s} \\ r_{21} & r_{22} & L & r_{2s} \\ M & M & M & M \\ r_{t1} & r_{t2} & L & r_{ts} \end{bmatrix} \tag{8-18}$$

式中，r_{ij} 为用户 i 对 Web 服务项目 j 的评级值，当用户没有对项目做出评级情况时，r_{ij} 为 0。以此为基础，利用 Pearson 相关性算法计算得到用户 u 和用户 v 之间的相关系数为

$$w_{u,v}=\frac{\sum\limits_{i\in I}(R_{u,i}-\overline{R}_u)(R_{v,i}-\overline{R}_v)}{\sqrt{\sum\limits_{i\in I}(R_{u,i}-\overline{R}_u)^2}\sqrt{\sum\limits_{i\in I}(R_{v,i}-\overline{R}_v)^2}} \tag{8-19}$$

式中，I 指用户 u 和用户 v 共同评级的 Web 服务项目集合；$R_{u,i}$ 指的是用户 u 对于项目 i 的评级值；$\overline{R}_u$ 则表示用户 u 评级的平均值。类似地，$R_{v,i}$ 表示用户 v 对项目 i 的评级值；$\overline{R}_v$ 表示用户 v 评级的平均值。该 Pearson 相关系数体现了用户和用户之间对于 Web 服务项目评级的相似度，因此可以将其转换为“用户—用户关系矩阵” $\boldsymbol{R}$：

$$\boldsymbol{R}=\begin{bmatrix} s_{11} & s_{12} & L & s_{1t} \\ s_{21} & s_{22} & L & s_{2t} \\ M & M & M & M \\ s_{t1} & s_{t2} & L & s_{tt} \end{bmatrix} \tag{8-20}$$

式中，s_{ij} 表示用户 i 和用户 j 的 Pearson 相关性，即用户 i 和用户 j 的相似度，$s_{ij}\in[0,1]$。

基于以上研究，以用户为节点，以用户之间的相关性为边，以用户之间的具体相似度为边上权重，便可构建 Web 服务的用户社会网络。

8.2.2　基于中心节点的重叠社区动态挖掘

本节以用户社会网络中连接节点最多的中心节点为起始网络社区，以社区贡献度为衡量指标考察中心节点的连接节点，通过不断地比较、增添、扩大和更新

形成多个全局贡献度饱和的社区，使用重叠度计算对相似度高的社区进行合并，以此来减少社区覆盖率，精确用户分组情况，从而实现对用户社会网络的社区分类和发现不同用户社区之间的不同特点。该重叠社区挖掘主要经历社区挖掘阶段和重叠社区调整阶段。

定义 1：节点度指的是与该节点相连接的边的数量。对于一个用户社会网络来说，节点度最大的节点一般都是网络的中心节点。

定义 2：社区贡献度用来描述社会网络中节点对某个社区的贡献度。本节认为社区贡献度c可以表示为

$$c=\frac{L_{\text{in}}}{L_{\text{in}}+L_{\text{out}}} \tag{8-21}$$

式中，L_{in}、L_{out}分别为社区内所有连接边上的权重总和及社区与外部所有连接边上的权重总和。

社区挖掘阶段的步骤如下。

（1）构建 O2O 服务用户社会网络，计算该网络中各用户节点的节点度，取其中节点度值最大的节点m作为中心节点，标记m并以其为初始节点构建初始社区C_m。由于假定C_m没有任何的内部联系和外部联系，故其社区贡献度$c=0$。全局贡献度C描述的是网络社区挖掘过程中社区贡献度的最大值，因此其初始值也为 0。

（2）以C_m为核心，在用户社会网络中找到所有与该社区有连接关系的节点，并将这些节点作为候选邻近节点计算社区贡献度c。若计算得到节点n的社区贡献度最大，并且该社区贡献度$c_n \geqslant C$，则将 n 进行标记后添加到C_m中，并实时更新C，使得$C=c_n$。由于n的加入，使得C_m的结构发生了变化，再重复执行步骤（2），直到C不再变化为止。

（3）当C已经达到最大值且不再发生变化时，表明社区结构已经达到一种最佳的稳定状态，即挖掘得到了网络社区C_m。

（4）查看社会网络中节点的状态，如果所有用户节点都被标记，则说明网络中的所有社区都已被挖掘出来，可以结束；如果还有部分节点未被标记，则重新对这些未标记的节点进行检测，找到节点度最大的节点作为新的中心节点来创建一个新的初始社区，返回步骤（2）重复计算。

按照以上步骤可将整个服务用户社会网络分成若干个具有共同特点的社区，

但由于挖掘得到的部分社区之间具有重叠性，所以还要对挖掘得到的初始社区群进行调整。重叠社区的调整使用重叠度进行衡量，为了便于计算，本节简化用户社区的重叠度计算，通过计算两个社区的共有节点和综合节点的数量比值得到，即社区 a 和社区 b 的重叠度 O 表示为

$$O_{a,b}=\frac{C_a \cap C_b}{C_a \cup C_b} \tag{8-22}$$

利用式（8-22）计算挖掘阶段中得到的社会网络中任意两个用户初始社区之间的重叠度 $O_{a,b}$。设定重叠度阈值为 T，当 $O_{a,b} \geqslant T$ 时，将 a 和 b 两个初始社区合并成一个社区；当 $O_{a,b} \leqslant T$ 时，不进行任何操作。然后重复计算用户社区之间的重叠度，直到所有重叠度的值均在设定阈值之下就结束调整，最后得到最终的用户社区分类情况。

8.2.3　基于节点相似性的动态社区发现算法

由于网络中的节点会随着时间的变化而变化，这就导致了包括社区结构在内的网络结构的动态演化。本节在 8.2.2 节挖掘得到的若干个用户社区的基础上，提出基于节点相似性的动态社区发现算法，从而获得与目标用户位于同一个社区且相关性高的用户组。

1. 基于节点活跃度的动态社区描述方法

在动态的用户社会网络中，用户社区是指在一个时间片段中随着时间变化产生的共同社区特征的用户组。假定 8.2.2 节面挖掘得到了若干个用户社区且目标用户 U 所在的社区为 C_U，Δt_i 表示一个时间片段，G_i 表示在该时间片段中 C_U 中存在的用户状态，则 C_U 从 Δt_1 到 Δt_s 的动态变化状态可以用以下二元组来表示：

$$C_U=\{(\Delta t_1,G_1),(\Delta t_2,G_2),\cdots,(\Delta t_s,G_s)\} \tag{8-23}$$

该二元组通过 G_i 描述社区中用户节点在不同时间片段的构成情况和相互间的关系变迁。G_i 为一个无向图，图中的节点表示用户，连接边表示用户间的关系。图 8-10 描述了时间片段 Δt_1 和 Δt_2 的社区用户结构状态，当时间片段从 Δt_1 变迁到 Δt_2 以后，用户节点 g、h 和 i 离开了社区，而新用户 k、m、n 和 o 加入了该社区，且与社区中的原成员具有一定程度的联系。

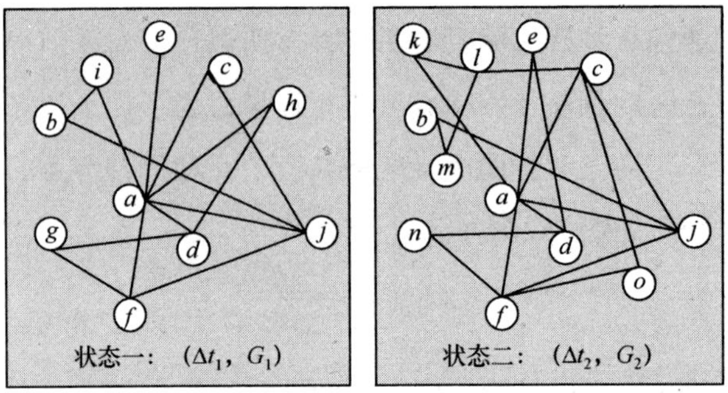

图 8-10　两个不同时间片段的社区用户变迁情况

本节提出"用户个体活跃度"的概念来衡量不同用户在社区中的活动频繁程度。由于不同的时间片段对整个用户社会网络的影响不同，且在一般情况下，时间顺序靠后的时间片段所呈现的网络动态情况与当前的网络状态更为接近，所以对用户社会网络中的节点活跃度进行描述时必须对每一个时间片段设置一个影响权重，并通过加权平均来进行计算。

令 $A_{C_U}^{u_i}$ 代表目标用户 U 所在社区 C_U 中用户 u_i 的个体活跃度；$w_{\Delta t}$ 表示时间片段 Δt 在整个动态社区的权重影响度；$T_{C_U}^{u_i}$ 表示用户社区 C 在动态变化中包含用户节点 u_i 的时间片段集合；T_{C_U} 表示用户社区 C 在动态变化中的所有时间片段的集合。本节假定目标用户 U 并不会随着时间的变化而离开社区 C_U，则用户 u_i 的个体活跃度可以表示为

$$A_{C_U}^{u_i}=\frac{\sum\limits_{\Delta t\in T_{C_U}^{u_i}} w_{\Delta t}}{\sum\limits_{\Delta t\in T_{C_U}} w_{\Delta t}} \tag{8-24}$$

由于一个用户节点的活跃度并不能有效反映整个网络的连接关系和用户间的行为交往程度，所以还要对节点的邻近节点进行相应描述。利用式（8-24）计算 $A_{C_U}^{u_i}$ 之后，将 C_U 中的各用户节点按活跃度大小降序排列，并依次划分成 n 个活跃等级，得到社区 C_U 中节点 u_i 的动态描述方式：

$$(u_i,C_U)=\left\{\mathrm{Ulink}_{u_i},N_1^{u_i},N_2^{u_i},\cdots,N_n^{u_i}\right\} \tag{8-25}$$

式中，Ulink_{u_i} 描述的是在 C_U 中与 u_i 相连接的节点集合；$N_1^{u_i},N_2^{u_i},\cdots,N_n^{u_i}$ 描述的是与 u_i 相连接的节点按照个体活跃度大小归类于不同的活跃等级的个数。

2. 基于用户节点相似度的动态相似度算法

根据个体之间的动态相似度算法，将目标用户 U 所在的社区 C_U 中的用户节

点 u_i 和 u_j 的动态相似度用式（8-26）计算：

$$\begin{aligned}\operatorname{sim}(u_i,u_j)=w_0\times\left|\mathrm{Ulink}_{u_i}\cap\mathrm{Ulink}_{u_j}\right|+w_1\times\min(N_1^{u_i},N_1^{u_j})+\\ w_2\times\min(N_2^{u_i},N_2^{u_j})+\cdots+w_n\times\min(N_n^{u_i},N_n^{u_j})\end{aligned}\tag{8-26}$$

式中，$\left|\mathrm{Ulink}_{u_i}\cap\mathrm{Ulink}_{u_j}\right|$ 指的是分别与用户节点 u_i 和 u_j 相连接的邻近节点交集的节点个数；$\min(N_n^{u_i},N_n^{u_j})$ 指的是在 $N_n^{u_i}$ 和 $N_n^{u_j}$ 两个数值中的较小值；$(w_0,w_1,\cdots,w_n)$ 指的是不同活跃等级节点集合对动态社区的影响权值集，一般情况下 $w_0>w_1>\cdots>w_n$。

利用式（8-26）计算目标用户与其他用户间的动态相似度，然后将计算结果降序排列，取前三分之一的用户构成邻近用户集作为对目标用户推荐项目的社区化推荐对象。

8.2.4　实证分析

本节选取豆瓣网上的 18 位电影爱好者为用户，17 部电影为 Web 视频服务项目，以这些用户对这些电影的评分为项目评级值（评级值在 1 到 5 之间，空白表示无评分），简化构建一个小型的 Web 视频服务网站的用户社会网络。豆瓣网的“电影爱好者—电影评分”信息如表 8-1 所示。

表 8-1　豆瓣网的“电影爱好者—电影评分”信息

用户 影片	哥（a）	三教废人 陆不压（b）	呦 （c）	Seon （d）	Я|R （e）	胆汁 lelele（f）	Legend （g）	少年 knife（h）	阿夏 （i）
七宗罪（1）	4				5			4	
画皮（2）			3	2					
三傻大闹宝莱坞（3）	5	5		5			4	5	
人在囧途（4）	3		3		2	3		3	
大话西游之月光宝盒（5）	4	5	5		5				4
午夜凶铃（6）			2					1	
暮光之城之暮色（7）		3		3			2		
加勒比海盗 3（8）						5		4	5
盗墓迷城（9）								2	3
开心鬼上身（10）		2	4			5	4	3	
倩女幽魂（11）					3				

（续）

用户 影片	哥 （a）	三教废人 陆不压（b）	呦 （c）	Seon （d）	Я|R （e）	胆汁 lelele（f）	Legend （g）	少年 knife（h）	阿夏 （i）
功夫熊猫（12）	4	1		5	3		4		4
卑鄙的我（13）	1		4	2			3		
海扁王（14）	4	4			4	3		3	
小姐好白（15）	5		4	5		4	5		
孤岛惊魂（16）						1			
喜剧之王（17）	5	3		5		4			5
评分总值	35	22	25	27	22	25	22	25	21
评分平均值（近似）	2.06	1.29	1.47	1.59	1.29	1.47	1.29	1.47	1.24

用户 影片	优优大 头菜（j）	Melonking （k）	Majere （l）	Copen （m）	四麻言 （n）	姜城 （o）	親切的一 萬.紥堆小 天后（p）	怪人 （q）	Josh （r）
七宗罪（1）		4		5		4	5		
画皮（2）		3	4		3	3		3	2
三傻大闹宝莱坞（3）	4			5					
人在囧途（4）			1	4	2			3	
大话西游之月光宝盒（5）	5			5		1			5
午夜凶铃（6）	1	5	4				5		4
暮光之城之暮色（7）		4	5		4	2		4	
加勒比海盗 3（8）		4		5	5		5	4	5
盗墓迷城（9）	2	4		5	5		3		5
开心鬼上身（10）		1		2					
倩女幽魂（11）	3		4	4	3			5	2
功夫熊猫（12）		3					2		4
卑鄙的我（13）	5		4		1	3			
海扁王（14）		1		1			5		3
小姐好白（15）	4								3
孤岛惊魂（16）		4	3		4	5	3	5	
喜剧之王（17）	5							3	
评分总值	29	33	27	36	27	18	28	27	33
评分平均值（近似）	1.71	1.94	1.59	2.12	1.59	1.06	1.65	1.59	1.94

根据表 8-1 中的基本信息及式（8-18），构建得到“用户—项目关系矩阵”$\boldsymbol{M}$：

$$\boldsymbol{M}=\begin{bmatrix}4 & 0 & 5 & \dots & 5\\0 & 0 & 5 & \dots & 3\\0 & 3 & 0 & \dots & 0\\\dots & \dots & \dots & \dots & \dots\\0 & 2 & 0 & \dots & 0\end{bmatrix}$$

按照用户从左到右依次为 a，b，…，r，电影从上到下依次为 1，2，…，17，对表 8-1 中的用户和电影项目进行编号，利用式（8-19）计算用户间的相关系数。以用户 a“哥”和用户 c“呦”为例，两者的共同评分电影项目有“人在囧途”、“大话西游之月光宝盒”、“卑鄙的我”和“小姐好白”，从中找到两者对这些项目的评分，并根据两个用户的平均评分值求得 Pearson 相关系数：

$$w_{a,c}=\frac{(3-2.06)(3-1.47)+(4-2.06)(5-1.47)+}{\sqrt{(3-2.06)^2+(4-2.06)^2+(1-2.06)^2+(5-2.06)^2}\times}$$
$$\frac{(1-2.06)(4-1.47)+(5-2.06)(4-1.47)}{\sqrt{(3-1.47)^2+(5-1.47)^2+(4-1.47)^2+(4-1.47)^2}}$$
$$\approx\frac{13.0428}{19.8975}\approx 0.66$$

同理可得 $w_{a,a}$=1，$w_{a,b}$=0.86，…，$w_{a,r}$=0.85。由于用户之间的相关系数具有逆反性，所以 $w_{u,v}=w_{v,u}$（u=a，b，…，r；v=a，b，…，r），最终便可建立“用户—用户关系矩阵”$\boldsymbol{R}$：

$$\boldsymbol{R}=\begin{bmatrix}1 & 0.86 & 0.66 & \dots & 0.85\\0.86 & \dots & \dots & \dots & \dots\\0.66 & \dots & \dots & \dots & \dots\\\dots & \dots & \dots & \dots & \dots\\0.85 & \dots & \dots & \dots & 1\end{bmatrix}$$

将用户作为网络节点，以用户间的连接线作为其相关性并赋予其具体权值，构建 Web 视频服务的模拟用户社会网络，如图 8-11 所示。为减少网络复杂度，图 8-11 中所有连接线边上的权重均省略显示。利用该模拟社会网络实现的社区挖掘结果如图 8-12 所示。

结果显示：该模拟用户社会网络被分成了两个社区。而在豆瓣网上，这些用户也归属于两个不同类别的电影社区。如图 8-13 所示为实验用户在豆瓣网上的实际分组情况简图。

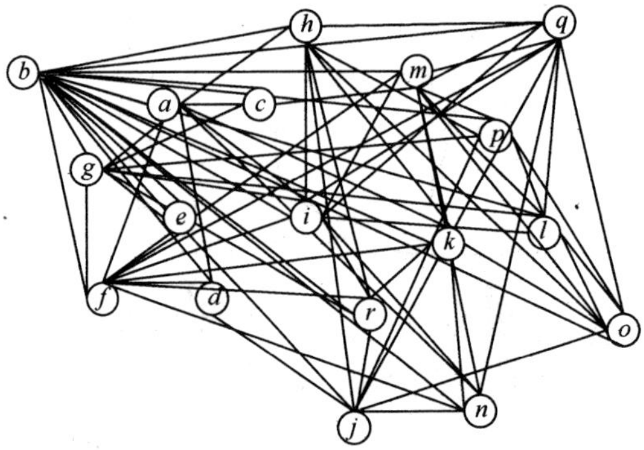

图 8-11　模拟用户社会网络简图

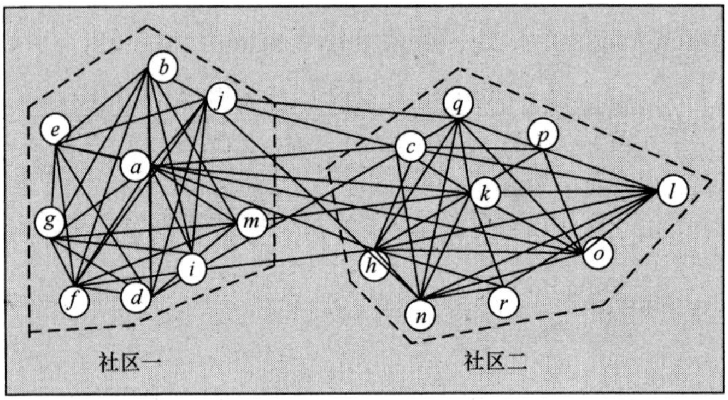

图 8-12　社区挖掘结果

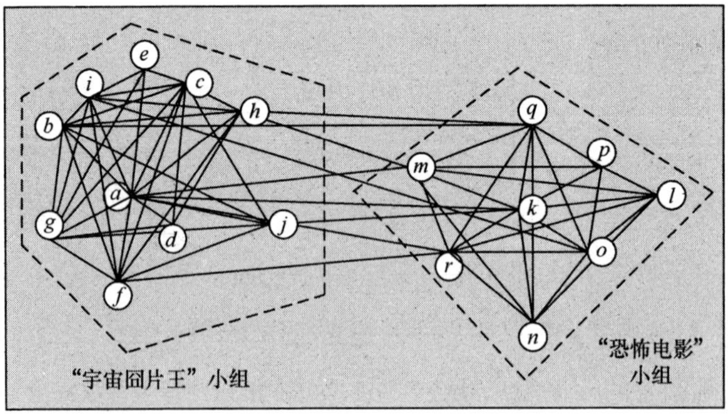

图 8-13　实验用户在豆瓣网上的实际分组情况简图

比较图 8-12 和图 8-13 发现，除了用户 *c*、*h* 和 *m* 之外，算法挖掘结果与社区实际分类一致，这主要是由于 *c*、*h* 和 *m* 对不少另外一个小组成员感兴趣的电影进行了评分，且这些电影占其评分电影的比例较高。因此，从理论上说，*c*、*h* 和 *m* 可属于任意一个社区，表明社区挖掘的精确度较高。

为了验证基于节点相似性的动态社区发现算法，下面再引入一个实例来演示说明。如图 8-14 所示为目标用户 U 所在社区 C_U 在三个不同时间片段中的社区动态结构。

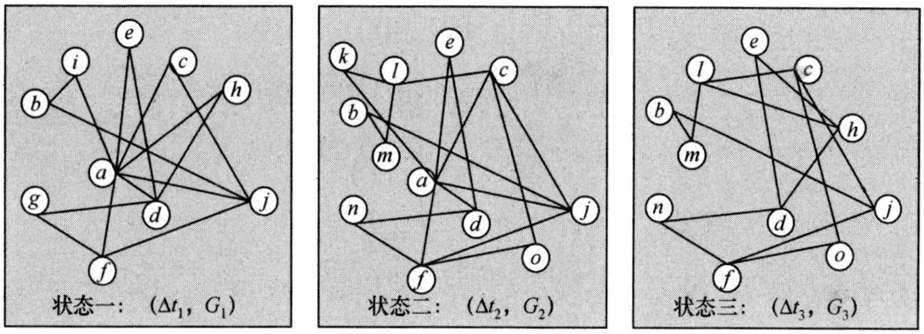

图 8-14　实例计算的三个时间片段中的社区动态结构

假设 Δt_1、Δt_2 和 Δt_3 对整个社区动态结构的影响权重分别为 1/4、1/2 和 1，利用式(8-24)计算出各用户节点在社区中的个体活跃度：用户 a 为 3/7；用户 b,c,d,e,f 及 j 均为 1；用户 g 及 i 均为 1/7；用户 h 为 5/7；用户 k 为 2/7；用户 l,m,n 及 o 均为 6/7。将 C_U 中的用户节点分成 6 大类：

$$U_{A=1}=\{b,c,d,e,f,j\}$$

$$U_{A=\frac{6}{7}}=\{l,m,n,o\}$$

$$U_{A=\frac{5}{7}}=\{h\}$$

$$U_{A=\frac{3}{7}}=\{a\}$$

$$U_{A=\frac{2}{7}}=\{k\}$$

$$U_{A=\frac{1}{7}}=\{g,i\}$$

以用户节点 a 为例，在这三个时间片段中，与 a 有着直接联系的用户节点集合 $\text{Ulink}_a=\{c,d,e,f,h,i,j,k\}$，在这些用户节点中，个体活跃度属于第一类的有 5 个，属于第三类的有 1 个，属于第五类的有 1 个，属于第六类的有 1 个。根据式(8-25) 得到用户 a 的动态描述为

$$(a,C_U)=\{\{c,d,e,f,h,i,j,k\},5,0,1,0,1,1\}$$

同样地，对该社区中的其他用户节点进行类似分析，得到它们的动态描述分别为

$$(b,C_U)=\{\{i,j,m\},1,1,0,0,0,1\}$$

$$(c,C_U)=\{\{a,j,l,o\},1,2,0,1,0,0\}$$

$$(d,C_U)=\{\{a,e,g,h,n\},1,1,1,1,0,1\}$$

$$(e,C_U)=\{\{a,d,h\},1,0,1,1,0,0\}$$

$$(f,C_U)=\{\{a,g,j,n,o\},1,2,0,1,0,1\}$$

$$(g,C_U)=\{\{d,f\},2,0,0,0,0,0\}$$

$$(h,C_U)=\{\{a,d,e,l\},2,1,0,1,0,0\}$$

$$(i,C_U)=\{\{a,b\},1,0,0,1,0,0\}$$

$$(j,C_U)=\{\{a,b,c,f\},3,0,0,1,0,0\}$$

$$(k,C_U)=\{\{a,l\},0,1,0,1,0,0\}$$

$$(l,C_U)=\{\{c,h,k,m\},1,1,1,0,1,0\}$$

$$(m,C_U)=\{\{b,l\},1,1,0,0,0,0\}$$

$$(n,C_U)=\{\{d,f\},2,0,0,0,0,0\}$$

$$(o,C_U)=\{\{c,f\},2,0,0,0,0,0\}$$

假设动态社区用户节点类别所占的权重 $w_0=\frac{1}{2}$，$w_1=\frac{1}{4}$，$w_2=\frac{1}{6}$，$w_3=\frac{1}{8}$，$w_4=\frac{1}{10}$，$w_5=\frac{1}{12}$ 及 $w_6=\frac{1}{14}$，根据式（8-26），便可得到该社区中各用户节点之间的动态相似性。

由于该社区中的用户节点 d 在三个时间片段中始终存在，而本节刚好假设目标用户不会离开目标社区，故设定用户 d 为本案例中的目标用户 U。由此计算出 d 与其他用户间的动态相似性：

$$\begin{aligned}\mathrm{sim}(d,a)=&\frac{1}{2}\times 2+\frac{1}{4}\times\min(1,5)+\frac{1}{6}\times\min(1,0)+\frac{1}{8}\times\min(1,1)+\frac{1}{10}\times\min(1,0)+\\&\frac{1}{12}\times\min(0,1)+\frac{1}{14}\times\min(1,1)=\frac{81}{56}\end{aligned}$$

同理可得：

$$\mathrm{sim}(d,b)=\frac{41}{84},\mathrm{sim}(d,c)=\frac{61}{60},\mathrm{sim}(d,e)=\frac{59}{40},\mathrm{sim}(d,f)=\frac{877}{420},\mathrm{sim}(d,g)=\frac{1}{4},$$

$$\mathrm{sim}(d,h)=\frac{91}{60},\mathrm{sim}(d,i)=\frac{17}{20},\mathrm{sim}(d,j)=\frac{17}{20},\mathrm{sim}(d,k)=\frac{23}{30},\mathrm{sim}(d,l)=\frac{25}{24},$$

$$\mathrm{sim}(d,m)=\frac{5}{12},\mathrm{sim}(d,n)=\frac{1}{4},\mathrm{sim}(d,o)=\frac{1}{4}$$

将计算结果降序排列得到：

$$\frac{877}{420}>\frac{91}{460}>\frac{59}{40}>\frac{81}{56}>\frac{61}{60}>\cdots$$

取前三分之一个数值所对应的用户分别为 f、h、e 和 a，因此这四个用户便集合起来形成了候选的推荐用户小组。然后通过对目标用户 d 需求的 Web 服务资源和供应商提供的 O2O 服务组合资源的功能属性之间进行概念匹配、结构匹配和文本匹配，以及对两者的 QoS 文本型和数值型属性的匹配，以用户 d 的风险态度、印象值及 Web 服务供应商的声誉情况为三大影响用户兴趣度的推荐因素进行匹配计算，得到 Web 服务推荐结果，再将被社区化推荐给这些候选用户小组。

参 考 文 献

[1] Stephen Skalicky. Was this analysis helpful? A genre analysis of the Amazon.com discourse community and its "most helpful" product reviews [J]. Discourse, Context & Media, 2013, 2(2):84-93.

[2] David Bounie, Bora Eang, Marvin Sirbu, Patrick Waelbroeck. Superstars and outsiders in online markets: An empirical analysis of electronic books [J]. Electronic Commerce Research and Applications, 2013, 12(1) :52-59.

[3] Bree McEwan, David Zanolla. When online meets offline: A field investigation of modality switching [J]. Computers in Human Behavior, 2013,29(4):1565-1571.

[4] Hamdi Yahyaoui, Zakaria Maamar, Erbin Lim, Philippe Thiran. Towards a community-based, social network-driven framework for Web services management [J]. Future Generation Computer Systems, 2013, 29(6):1363-1377.

[5] Danilo Avola, Matteo Spezialetti, Giuseppe Placidi. Design of an efficient framework for fast prototyping of customized human–computer interfaces and virtual environments for rehabilitation [J]. Computer Methods and Programs in Biomedicine, 2013,110(3):490-502.

[6] Tamer A. Farrag, Ahmed I. Saleh, H. A. Ali. Semantic web services matchmaking: Semantic distance-based approach [J]. Computers and Electrical Engineering, 2013 (39):497-511.

[7] Farhad Mardukhi, Naser NematBakhsh, Kamran Zamanifar, Asghar Barati. QoS decomposition for service composition using genetic algorithm [J]. Applied Soft Computing, 2013 (13): 3409-3421.

[8] Quanwang Wu, Qingsheng Zhu. Transactional and QoS-aware dynamic service composition based on ant colony optimization [J]. Future Generation Computer Systems, 2013 (29): 1112-1119.

[9] Ruzhi Xu, Baitao Ji, Bin Zhang, Peiyao Nie. Research on dynamic business composition based on web service proxies [J]. Simulation Modelling Practice and Theory, 2013 (37): 43-55.

[10] Jordy Sangers, Flavius Frasincar, Frederik Hogenboom, Vadim Chepegin. Semantic Web service discovery using natural language processing techniques [J]. Expert Systems with Applications, 2013 (40): 4660-4671.

[11] K. Jayashree, Sheila Anand. Web Service Diagnoser Model for managing faults in web services [J]. Computer Standards & Interfaces, 2013, 36(1):154-164.

[12] 史椸, 邱劲锋, 侯迪, 齐勇, 林秦颖. 一种敏捷服务组合方法模型的研究与设计[J]. 西安交通大学学报, 2013, 47(2):1-6, 68.

[13] 陈营, 李绪蓉, 谢强. 模型驱动的 Web 服务组合的 QoS 属性的研究[J]. 计算机与数字工程,

2013, 41(176):76-78, 100.
[14] 刘志忠, 王勇, 贺毅辉, 彭辉. 服务组合中面向端到端用户 QoS 需求的 QoS 聚合机制研究 [J].计算机科学, 2013, 40(6):19-21, 26.
[15] 曹步清, 李兵, 刘建勋. 一种服务质量可信的按需服务组合方法[J]. 西安交通大学学报, 2013, 47(2):131-138.
[16] Tiejiang Liu, Tun Lu, Wei Wang, Qi Wang, Zhenyu Liu, Ning Gu, Xianghua Ding. SDMS-O: A service deployment management system for optimization in clouds while guaranteeing users' QoS requirements [J]. Future Generation Computer Systems, 2012, 28(7):1100-1109.
[17] Xinchao Zhao, Boqian Song, Panyu Huang, Zichao Wen, Jialei Weng, Yi Fan. An improved discrete immune optimization algorithm based on PSO for QoS-driven web service composition [J]. Applied Soft Computing, 2012 (12): 2208-2216.
[18] Jian Yu, Quan Z. Sheng, Jun Han, Yanbo Wu, Chengfei Liu. A semantically enhanced service repository for user-centric service discovery and management [J]. Data & Knowledge Engineering, 2012 (72):202-218.
[19] Ales Frece, Matjaz B. Juric. Modeling functional requirements for configurable content- and context-aware dynamic service selection in business process models [J]. Journal of Visual Languages & Computing, 2012, 23(4):223-247.
[20] Sherry X. Sun, Jing Zhao. A decomposition-based approach for service composition with global QoS guarantees [J]. Information Sciences, 2012 (199):138-153.
[21] Yanbin Peng. Rapid Service Discovery Based on Clustering [J]. Physics Procedia, 2012(33): 195-200.
[22] Nie Guihua, Xu Shangying, Chen Donglin. The Personalization Method of E-Catalog Based on Users Interesting Degree[J]. Journal of Shanghai Jiaotong University, 2012, 4(2):215-222.
[23] Li Chen, Zi-lin Song, Ying Zhang, Zhuang Miao. A Method of Web Service Matchmaking Based on Snippets [J]. Advances in Information Sciences and Service Sciences, 2011, 3(8): 250-258.
[24] Hai H. Wang, Nick Gibbins, Terry R. Payne, Domenico Redavid. A formal model of the Semantic Web Service Ontology (WSMO) [J]. Information Systems, 2012 (37):33-60.
[25] Changbo Ke, Zhiqiu Huang. Self-adaptive semantic web service matching method [J]. Knowledge-Based Systems, 2012 (35): 41-48.
[26] Jonathan Lee, Shin-Jie Lee, Hsi-Min Chen, Chia Ling Wu. Composing web services enacted by autonomous agents through agent-centric contract net protocol [J]. Information and Software Technology, 2012 (54): 951-967.
[27] Chen Wu. WSDL term tokenization methods for IR-style Web services discovery [J]. Science of Computer Programming, 2012 (77): 355-374.
[28] Honglei CHEN, Dongsu LIU. Research on Semantic Web Service Discovery Model Based on QoS Ontology [C]. Proceedings of International Conference on Engineering and Business

Management. 2012: 3167-3171.

[29] Min Liu, Weiming Shen, Qi Hao, Junwei Yan, Li Bai. A fuzzy matchmaking approach for Semantic Web Services with application to collaborative material selection [J]. Computers in Industry, 2012, 63(3):193-209.

[30] Sajib Kumar Mistrya, Mosaddek Hossain Kamal, Dilip Mistryc. Semantic Discovery of Web Services through Social Learning [J]. Procedia Technology, 2012 (3):167-177.

[31] Anjan Bandyopadhyay, Tapas Si, Partha Protim Mondal, Saurav Mallik. Proposed Conceptual Model for Semantically Enabled Web Services Based On QoS [J]. Procedia Technology, 2012(4): 579-583.

[32] Sherry X.Sun, Jing Zhao. A decomposition-based approach for service composition with global QoS guarantees [J]. Information Sciences, 2012(199): 138-153.

[33] Giuseppe Pirròa, Domenico Talia, Paolo Trunfio. A DHT-based semantic overlay network for service discovery [J]. Future Generation Computer Systems, 2012 (28): 689-707.

[34] Ralph Vigne, Juergen Mangler, Erich Schikuta, Stefanie Rinderle-Ma. A structured marketplace for arbitrary services [J]. Future Generation Computer Systems, 2012, 28(1): 48-57.

[35] ZHANG Long-chang, LI Chun-jie, YU Zhan-lin. Dynamic Web service selection group decision-making based on heterogeneous QoS models [J]. The Journal of China Universities of Posts and Telecommunications, 2012, 19(3): 80-90.

[36] T. Liu, T. Lu, W. Wang, Q.Wang, Z. Liu, N. Gu, X. Ding. SDMS-O: a service deployment management system for optimization in clouds while guaranteeing users' QoS requirements [J]. Future Generation Computer Systems, 2012, 28(7): 1100-1109.

[37] 李蜀瑜.基于 QoS 和模糊粒子群优化的语义 Web 服务发现[J].计算机应用, 2012, 32 (5): 1347-1350.

[38] 杨岳明, 陈立潮, 谢斌红, 潘理虎. 基于用户情境聚类的 Web 服务发现方法研究[J].计算机工程与设计, 2012, 33(4): 1442-1446.

[39] 聂规划, 罗迹, 陈冬林.面向 Web 服务组合推荐的关联规则研究[J].武汉理工大学学报(信息与管理工程版), 2012, 34(5):588-591.

[40] Dhiah Al-Shammary, Ibrahim Khalil, Zahir Tari, Albert Y. Zomaya. Fractal self-similarity measurements based clustering technique for SOAP Web messages [J]. Journal of Parallel and Distributed Computing, 2013, 73 (5):664-676.

[41] Raja Ben lakhal, Walid Chainbi. A Multi-Criteria Approach for Web Service Discovery [J]. Procedia Computer Science, 2012(10):609-616.

[42] Cristian I. Pinzón, Javier Bajo, Juan F. De Paz, Juan M. Corchado. S-MAS: An adaptive hierarchical distributed multi-agent architecture for blocking malicious SOAP messages within Web Services environments [J]. Expert Systems with Applications, 2011, 38 (5): 5486-5499.

[43] Marcel Krizevnik, Matjaz B. Juric. Data-bound variables for WS-BPEL executable processes [J].

Computer Languages, Systems & Structures, 2012, 38(4):279-299.

[44] Bixin Li, Dong Qiu, Hareton Leung, Di Wang. Automatic test case selection for regression testing of composite service based on extensible BPEL flow graph [J]. Journal of Systems and Software, 2012, 85(6):1300-1324.

[45] José María García, David Ruiz, Antonio Ruiz-Cortés. Improving semantic web services discovery using SPARQL-based repository filtering [J]. Web Semantics: Science, Services and Agents on the World Wide Web, 2012(17):12-24.

[46] 康国胜, 刘建勋, 唐明董, 徐宇. QoS全局最优动态 Web 服务选择算法[J].小型微型计算机系统, 2013, 34(1):73-76.

[47] 吴钟, 聂规划, 陈冬林, 章佩璐. 基于协同过滤的 Web 服务动态社区发现算法研究[J]. 计算机应用.2013, 33(8):2095-2099.

[48] 陈冬林, 吕秋云, 马明明. 面对客户视角的服务质量集成与服务组合优化[J].计算机工程, 2012, 38(3) : 49-50, 53.

[49] 陈冬林, 纪巧芬, 陈玲, 吴钟.一种新的数字家庭个性化服务推荐方法[J].武汉理工大学学报(信息与管理工程版), 2013, 35(3):331-335.

[50] 刘平峰, 张慧, 章佩璐. 面向用户均衡需求的Web服务资源智能推荐方法[J].计算机应用研究, 2012(9):3224-3228.

[51] 武云鹏, 包卫东, 张维明, 黄金才.Web 服务组合系统研究综述[J]. 计算机科学, 2011, 38(9): 1-4.

[52] 温涛, 盛国军, 郭权, 李迎秋. 基于改进粒子群算法的 Web 服务组合[J].计算机学报, 2013, 36(5): 1031-1046.

[53] 何丽, 赵富强, 饶俊. 基于社团服务链的 Web 服务组合方法[J].计算机应用, 2013, 33(1): 250-253.

[54] 曹腾飞, 符云清, 钟明洋. 融合遗传蚁群算法的 Web 服务组合研究[J].计算机系统应用, 2012, 21(6):81-85.

[55] Angus F.M.Huang, Ci-Wei Lan. An optimal QoS-based Web Service Selection Scheme [J]. Information Sciences, 2009 (179): 3309-3322.

[56] Joonho Kwon, Daewook Lee. Non-redundant web services composition based on a two-phase algorithm [J]. Data & Knowledge Engineering , 2012 (71) :69-91.

[57] Kuyoro Shade, Awodele, Akinde Ronke. Quality of Service (Qos) Issues in Web Services [J]. International journal of computer science and network security, 2012, 12(1): 94-97.

[58] Walaa Nagy, Hoda M. O. Mokhtar, Ali El-Bastawissy. A Flexible Tool for Web Service Selection in Service Oriented Architecture [J]. International Journal of Advanced Computer Sciences and Applications, 2012, 2(12): 191-201.

[59] W.L. Kong, Q.T. Liu, Z.K. Yang, S.Y. Han. Composition of web services based on dynamic QoS [J]. Computer Science, 2012, 39 (2): 268-272.

[60] Z. Maamar, H. Hacid, M.N. Huhns, Why web services need social networks [J]. IEEE Internet Computing, 2011, 15 (2): 90-94.

[61] 张莉, 张斌, 黄利萍, 朱志良. 基于服务调用特征模式的个性化 Web 服务 QoS 预测方法[J]. 计算机研究与发展, 2013, 50(5):1066-1075.

[62] 曾子明, 李鑫. 移动环境下基于情境感知的个性化信息推荐[J]. 情报杂志, 2012, 31(8):166-170.

[63] 李蜀瑜. 基于 QoS 和模糊粒子群优化的语义 Web 服务发现[J]. 计算机应用, 2012, 32(5):1347-1350.

[64] 马于涛, 张海粟, 刘玉超. 一种 Web 服务综合描述模型[J]. 电子与信息学报, 2012, 34 (3): 549-556.

[65] Eduardo S. Barrenechea, Paulo S.C. Alencar. An Adaptive Context-Aware and Event-Based Framework Design Model [J]. Procedia Computer Science, 2011(5): 593-600.

[66] Shengjun Qin, Yan Chen, Xiangwei Mu. An Optimal Service Selection with Constraints Based on QoS [J]. Physics Procedia, 2012(25):2050-2057.

[67] Min Liu, Mingrui Wang, Weiming Shen, Nan Luo, Junwei Yan. A quality of service (QoS)-aware execution plan selection approach for a service composition process [J]. Future Generation Computer Systems, 2012, 28(7):1080-1089.

[68] Abdali Mohammadi Fardin, Nemat Bakhsh Naser, Nematbakhsh Mohammad Ali.Empower service directories with knowledge[J]. Knowledge-Based System, 2012, (30):172-184.

[69] 康国胜, 刘建勋, 唐明董, 刘小青. 面向多请求的 Web 服务全局优化选择模型研究[J]. 计算机研究与发展, 2013, 50(7):1524-1533.

[70] 刘旋, 廖明潮. 基于人工鱼群算法的 QoS 全局最优 Web 服务选择的研究[J]. 计算机应用与软件, 2013, 30(8):87-90.

[71] 冯建湘, 武雪媛. Web 服务 QoS 灰色评价模型[J]. 计算机工程与科学, 2012, 34(12):81-86.

[72] Wanchun Dou, Chao Lv, Xuyun Zhang. A Collaborative QoS-Aware Service Evaluation Method Among Multi-Users for a Shared Service [J]. International journal of web services research, 2012, 9(1):30-50.

[73] Qian Tao, Hui-you Chang, Chun-qin Gu. A novel prediction approach for trustworthy QoS of web services [J]. Expert Systems with Application, 2012, 39(3): 3676-3681.

[74] Bazan, OsamaJaseemuddin, Muhammad. A Conflict Analysis Framework for QoS-Aware Routing in Contention-Based Wireless Mesh Networks with Beamforming Antennas [J]. IEEE transactions on wireless communications, 2011, 10(10):3267-3277.

[75] Angus F.M.Huang, Ci-Wei Lan.An optimal QoS-based Web Service Selection Scheme [J]. Information Sciences, 2009 (179) :3309-3322.

[76] Long-chang ZHANG , Hua ZOU, Fang-Chun YANG. Web service composition algorithm based on TOPSIS [J]. The Journal of China Universities of Posts and Telecommunications, 2011,

18(4):89-97.

[77] Dimitrios Tsesmetzis, Ioanna Roussaki. Modeling and Simulation of QoS-aware Web Service Selection for Provider Profit Maximization [J]. Simulation, 2007, 83(1): 93-106.

[78] Junqing Sun, Zhaohao Sun, Yuanzhe Li, Shuliang Zhao. A Strategic Model of Trust Management in Web Services [J]. Physics Procedia, 2012 (24):1560-1566.

[79] Haa, S., Blau, B.. Efficient QoS Aggregation in Service Value Networks [C]. 45th Hawaii International Conference on System Sciences. 2012(1):1512-1521.

[80] Urjita Thakar, Abhishek Agrawal. Design of Composite Web Service to Obtain Best QoS [C]. Proceedings of the international conference on information systems design and intelligent applications, 2012.2012:879-886.

[81] Seng W. Loke. Supporting ubiquitous sensor-cloudlets and context-cloudlets: Programming compositions of context-aware systems for mobile users [J]. Future Generation Computer Systems, 2012, 28(4) :619-632.

[82] Harshavardhanan, P., Akilandeswari, J., Sarathkumar, R.. Dynamic Web Services discovery and selection using QoS-Broker architecture [C]. 2012 International Conference on Computer Communication and Informatics, 2012(1):1-5.

[83] Ping Wang. QoS-aware Web services selection with intuitionistic fuzzy set under consumer's vague perception [J]. Expert Systems with Applications,2009 (36) : 4460-4466.

[84] Abdallah Missaoui, Kamel Barkaoui.A Neuro-Fuzzy Model for QoS Based Selection of Web Service [J].Journal of Software Engineering and Applications, 2012, 3(06) : 588-592.

[85] Lifeng Ai, Maolin Tang, Colin Fidge. Partitioning composite web services for decentralized execution using a genetic algorithm [J]. Future Generation Computer Systems, 2011, 27(2): 157-172.

[86] Xiuzhen Feng, Gaofeng Wu.Research on Merging Cluster Algorithm for QoS-Oriented Supply and Demand [C]. Frontiers of Manufacturing and Design Science II.2012:4592-4596.

[87] Wang, S, Sun, Q, Yang, F. Quality of service measure approach of web service for service selection [J]. IET software, 2012, 6(2):148-154.

[88] Yuan-sheng Luo, Yong Qi, Di Hou, Lin-feng Shen, Ying Chen, Xiao Zhong. A novel heuristic algorithm for QoS-aware end-to-end service composition [J]. Computer Communications, 2011, 34(9):1137-1144.

[89] Zheng Xiao-lin, Lin Zhen, Yang Yan-bo. Research on contextaware Web service composition based on the fluent calculus [J]. Advances in Information Sciences and Service Sciences, 2011, 3(7) : 62-74.

[90] 骆有隆. 面向客户 QoS 需求的服务组合及市场策略研究[D]. 武汉理工大学:博士学位论文, 2012.

[91] 张慧. 基于用户行为反馈的服务偏好挖掘方法研究[D]. 武汉理工大学:硕士学位论文, 2012.

[92] 聂规划, 佘其平, 陈冬林. 客户云需求波动下的多实例组合决策[J]. 计算机工程. 2013, 39(5): 42-47.

[93] 苗成林, 冯俊文, 孙丽艳, 马蕾. 基于协同理论和自组织理论的企业能力系统演化模型[J]. 南京理工大学学报, 2013, 37(1): 192-198.

[94] 胡启平. 基于 QoS 线性化和最短路径思想的 Web 服务组合选择体系[J]. 中国科技论文, 2012, 7(4): 267-276.

[95] Zhong Wu, Guihua Nie, Donglin Chen. Pricing Strategy Model in Duopoly Market for Web Service Integrator [J]. International Journal of Applied Mathematics & Statistics, 2013, 43(13): 470-477.

[96] Thirumaran.M, Dhavachelvan.P, Aishwarya.D, Kiran Kumar Reddy. Evaluation of Change Factors for Web Service Change Management [J]. Procedia Technology, 2012(6): 163-170.

[97] C. Ranganathan, Thompson S.H. Teo, Jasbir Dhaliwal. Web-enabled supply chain management: Key antecedents and performance impacts [J]. International Journal of Information Management, 2011(31) 533-545.

[98] Zhong Wu, Guihua Nie. Web Service Composition Market Decision Model Based on Grey Situation Decision-making [C]. 2012 International Conference on Information Management, Innovation, Management and Industrial Engineering (ICIII 2012), 2012(2):150-153.

[99] E. Karakoc, P. Senkul. Composing Semantic Web Services Under Constraints [J]. Expert System with Applications, 2009 (36): 11021-11029.

[100] Matthias Fuchs, Alexander Eybl, Wolfram Höpken. Successfully selling accommodation packages at online auctions- The case of eBay Austria [J]. Tourism Management, 2011, 32(5): 1166-1175.

[101] Zhongju Zhang, Yong Tan, Debabrata Dey. Price Competition with Service Level Guarantee in Web Services [J]. Decision Support Systems, 2009 (47): 93-104.

[102] O. Kwon, G.P. Im, K.C. Lee. An agent-based web service approach for supply chain collaboration [J]. Scientia Iranica E, 2011,18(6): 1545-1552.

[103] Zhongju Zhang, Yong Tan, Debabrata Dey. Price Competition with Service Level Guarantee in Web Services [J]. Decision Support Systems, 2009(47): 93-104.

[104] Wendy L.Currie, Mihir A.Parikh. Value Creation in Web Service: An Integrative Model [J]. Journal of Strategic Information System, 2006 (15)：153-174.

[105] Jan Christian Lang, Thomas Widjaja. Optimizing the Supplier Selection and Service Portfolio of a SOA Service Integrator [C]. Proceedings of the 41st Hawaii International Conference on System Sciences, 2008: 1-10.

[106] Dongjoon Kim, Sangkyu Lee, Ajith Abraham, Sangyong Han. A Dynamic Priority Allocation Scheme of Message for Differentiated Web Services Satisfying Service Level Agreement [J]. Journal of Digital Information Management, 2006, 4(1):26-31.

[107] Valentina, Emilio. Self-optimization of secure Web services[J]. Computer Communications, 2008, 31 (18): 4312-4323.

[108] 佘其平. 基于用户情境的服务组合推荐方法研究[D]. 武汉理工大学:硕士学位论文, 2012.

[109] 罗迹. 基于客户行为的Web服务资源智能聚合理论研究[D]. 武汉理工大学:硕士学位论文, 2011.

[110] 陈琼, 李辉辉, 肖南峰. 基于节点动态属性相似性的社会网络社区推荐算法[J]. 计算机应用, 2010, 30(05): 1268-1272.

[111] 陈冬林, 聂规划, 李晓菲. 面向客户视角的 Web 服务组合优化与集成管理方法 [J]. 计算机应用研究, 2010, 27(9):3297-3299, 3311.

[112] Princely Ifinedo. Understanding information systems security policy compliance: An integration of the theory of planned behavior and the protection motivation theory [J]. Computers & Security, 2012 (31): 83-95.

[113] Qian Candy Tang, Hsing Kenneth Cheng. Optimal Location and Pricing of Web Services Intermediary [J]. Decision Support Systems, 2005 (40): 129-141.

[114] Ajzen I, Fishbein M.Factors Influencing Intentions and the Intention-Behavior Relation [J]. Human Relations, 1974, 27(l): l-15.

[115] Ajzen I. The theory of planned behavior [J]. Organizational Behavior and Human Decision Processes, 1991, 50(2):179-211.

[116] Sudhir Agarwal, Steffen Lamparter. Making Web Services Tradable A Policy-based Approach for Specifying Preferences on Web Service Properties [J]. Web Semantics: Science, Services and Agents on the World Wide Web, 2009 (7) :11-20.

[117] Donglin CHEN, Qiuyun LV.Research on customer perspective-oriented Web integrated service ontology modeling method[C].The 2nd International Conference on Future Control and Automation, ICFCA 2012:411-415.

[118] Bandura A. Social cognitive theory of self-regulation [J]. Organizational Behavior and Human Decision Processes, 1991(50): 248.

[119] Pingfeng Liu, Peilu Zhang, Guihua Nie. Business Modeling for Service Ecosystems[C]. Proceedings of the 2010 International Conference on Management of Emergent Digital EcoSystems (MEDES), 2010(10):102-106.

[120] Nie Guihua, Xu Shangying, Xiwen Zhang . Research on the platform of enterprise co-evolution based on the collective intelligence[C]. 2011 International Conference on Applied Informatics and Communication, ICAIC 2011, 226(3):73-81.

[121] H.P. Shih. An empirical study on predicting user acceptance of e-shopping on the Web [J]. Information and Management, 2004,41(3):351-368.

[122] Davis F D. Perceived usefulness, perceived ease of use, and user acceptance of information technology [J]. MIS Quarterly , 1989, 13(3): 319-340.

[123] Davis F D, Bagozzi R P, Warshaw P R. User acceptance of computer technology: A comparison of two theoretical models [J]. Management Science, 1989, 35(8): 982-1003.

[124] L·R· Vijayasarathy. Predicting consumer intentions to use on-line shopping: the case for an augmented technology acceptance model [J]. Information and Management, 2004, 41(6): 747-762.

[125] 吴钟. 面向多边协同的Web服务组合市场决策与优化管理研究[D]. 武汉理工大学:博士学位论文, 2013.

[126] 章佩璐. 面向用户多层次需求的 web 服务资源智能推荐方法研究[D]. 武汉理工大学：硕士学位论文, 2011.

[127] 骆有隆, 聂规划. Web 服务集成商在竞争环境下的产品决策研究[J]. 武汉理工大学学报（交通科学与工程版）, 2011, 35(5):1027-1030.

[128] 戴卓, 李再跃. 基于计划行为理论的个人网上银行使用研究[J]. 数学的实践与认识, 2010, 40(13): 88-94.

[129] Youlong Luo, Guihua Nie. Service Decision with Consideration of Price in Competitive Market[C]. 2011 Interational Symposium on Applied economics, Business and Development, 2011:188-194.

[130] Youlong Luo, Guihua Nie. Service Composition Strategy with Consideration of Equilibrium Price[C]. 2011 International Symposium on Computer Science and Society (ISCCS), 2011: 385-388.

[131] Rayport J., Sviokla J. Exploiting the Virtual Value Chain [J], The McKinsey Quarterly, 1996(1): 21-22.

[132] Jeffrey F. Rayport, John J. Sviokla. Exploiting the Virtual Value Chain [J], Harvard Business Review, 1995(73):75-99.

[133] 冯缨, 徐占东. 我国中小企业实施电子商务关键影响因素实证研究——基于创新扩散理论[J]. 软科学, 2011, 25(3):115-120, 129.

[134] 牛丽文, 王晓凤, 祁玉凤. 基于层次分析法的企业价值增值驱动因素分析[J]. 河北工程大学学报(社会科学版), 2013, 30(1):4-6.

[135] 亚德里安・J・斯莱沃斯基. 发现利润区[M]. 凌晓东译, 中信出版社, 2000:13-16.

[136] 罗珉. 价值星系：理论解释与价值创造机制的构建[J]. 中国工业经济, 2006(1)：80-89.

[137] 万雪飞, 陈端兵, 傅彦. 一种重叠社区发现的启发式算法[J]. 计算机应用, 2010, 46(03): 36-38.

[138] 孔维梁, 刘清堂, 杨宗凯等. 基于动态 QoS 的 Web 服务组合[J]. 计算机科学, 2012, 39(2): 268-272.

[139] 杜栋. 协同管理系统[M]. 北京：清华大学出版社, 2008: 64-65, 114-115.

[140] 彭忆, 单汨源. 新型企业管理模式——协同管理[J]. 中南工业大学学报(社会科学版), 1999(9):211-215.

[141] 杨年华, 虞慧群, 郭新顺. 基于广义随机着色 Petri 网的 Web 服务组合模型[J]. 计算机科学, 2012, 39(4):142-144, 158.

[142] 胡慕海, 蔡淑琴, 张宇. 面向个性化推荐的情境化用户偏好研究[J], 管理学报, 2010, 29(10):157-162.

[143] 冯建周, 孔令富. 基于模糊 QoS 和偏好权重的 Web 服务组合方法研究[J]. 小型微型计算机系统, 2012, 33(7): 1516-1521.

[144] Wenjia Niu , Gang Li, Zhijun Zhao. Multi-granularity context model for dynamic Web service composition[J]. Journal of Network and Computer Applications, 2011, (34):312-326.

[145] Li Li, Dongxi Liu, Athman Bouguettaya. Semantic based aspect-oriented programming for context-aware Web service composition [J]. Information Systems, 2011, 36(3): 551-564.

[146] Viswanathana, Rajeshpiplani. Coordinating supply chain inventories through common replenishment epoehs [J]. European Joumal of Operational Researeh, 2001(129):277-286.

[147] Peason L. J. Handbook of organizational measurement [M]. International Journal of ManPower, 1997, 18(4):301-558.

[148] Z.Y. Jiang, J.H. Han, Z. Wang. An optimization model for dynamic QoS-aware web services selection and composition [J]. Chinese Journal of Computer, 2009, 32(5): 1014-1025.

[149] Lars Magnus Hvattum, Arne Løkketangen, Fred Glover. Comparisons of Commercial MIP Solvers and an Adaptive Memory (Tabu Search) Procedure for a Class of 0-1 Integer Programming Problems [J]. Algorithmic operations research, 2012, 7(1):13-20.

[150] J. Soroor, S. Sajjadi, S. N. Alavi, A. Soheilinia. An Advanced Adoption Model and An Algorithm of Evaluation Agents in Automated Supplier Ranking [J]. Computers and Mathematics with Applications, 2011(62) :3649-3662.

[151] P. Liu, F. Jin, X. Zhang, Y. Su, M. Wang. Research on the Multi-attribute Decision-making under Risk with Interval [J]. Knowledge-Based Systems, 2011(24) : 554-561.

[152] G. W. Wei. Gray Relational Analysis Method for Intuitionistic Fuzzy Multiple Attribute Decision Making [J]. Expert Systems with Applications, 2011(38) : 11671-11677.

[153] Vikas Agarwal, Girish Chafle, Koustuv Dasgupta. Synthy: A system for end to end composition of web services [J]. Web Semantics: Science, Services and Agents on the World Wide Web, 2005(3):311-339.

[154] 李金忠, 夏洁武, 唐卫东. 基于 QoS 的 Web 服务选择算法综述[J]. 计算机应用研究, 2010, 27(10) : 3622-3627, 3638 .

[155] 刘金芳, 徐枞巍, 高波. 供应链整合创新的演化博弈分析[J] .系统工程, 2011, 29 (8):8-213.

[156] 曼昆. 经济学原理[M]. 北京:北京大学出版社, 2009:348-349, 366-367.

[157] 张晓悦, 张三林, 艾利锋.存在服务依赖和冲突约束的QoS感知Web服务选择问题:一种新的文化基因算法[J]. 科技信息, 2010(15):478-479, 429.

[158] 李武智, 张斌. 基于服务上下文的 Web 服务发现机制[J]. 计算机工程与设计, 2012,

33(7):2580-2583.

[159] Buhwan Jeong, Hyunbo Cho, Choonghyun Lee. On the functional quality of service (FQoS) to discover and compose interoperable web services[J]. Expert Systems with Applications, 2009, (36): 5411-5418.

[160] E. Pourjavad, H. Shirouyehzad. A MCDM Approach for Prioritizing Production Lines: A Case Study[J]. International Journal of Business and Management, 2011, 6(10) :221-229.

[161] Osayi Akinbosoye, Eric W. Bond, Constantinos Syropoulos. On the stability of multimarket collusion in price-setting super games[J]. International journal of industrial organization, 2012, 30(2): 253-264.

[162] 杨岳明, 陈立潮, 潘理虎. 基于历史用户 QoS 感知的 Web 服务发现方法[J]. 计算机应用, 2012, 32(5):1351-1354.

[163] 周娟. 一种基于服务质量的语义 Web 服务发现框架[J]. 计算机技术与发展, 2011, 21(2):127-135.

[164] 李向阳, 李玲娟, 陈建新, 徐小龙. 面向情境感知的不确定性数据融合策略[J]. 计算机技术与发展, 2012, 22(2):127-130.

[165] 朱郑州. 一种基于情景感知的学习服务发现算法[J]. 计算机科学, 2012, 39(2):132-135.

[166] Matjaz B. Juric, Ana Sasa, Bostjan Brumen, Ivan Rozman. WSDL and UDDI extensions for version support in web services [J]. Journal of Systems and Software, 2009, 82(8): 1326-1343.

[167] G.Fenza, D.Furno, V.Loia.Hybrid approach for context-aware service discovery in healthcar-edomain[J]. Journal of Computer and System Sciences, 2012, (18):1232-1247.

[168] M. Alrifai, D. Skoutas, T. Risse. Selecting skyline services for QoS-based web service composition [C]. Proceedings of the 19th international co nference on World wide web, 2010: 11-20.

[169] Vuong Xuan TRAN, Hidekazu TSUJI.A Survey and Analysis on Semantics in QoS for Web Services[C]. International Conference on Advanced Information Networking and Applications, Washington DC, USA, 2009(11):379-385.

[170] Lianyong Qi, Wanchun Dou, Xuyun Zhang, Jinjun Chen. A QoS-aware composition method supporting cross-platform service invocation in cloud environment [J]. Journal of Computer and System Sciences, 2012(78): 1316-1329.

[171] Youlong Luo, Guihua Nie.Service Composition Decision in Competitive Market[C]. 2011 International Conference on Management and Service Science (MASS), 2011:563-569.

[172] Moore G C, Benbasat I. Development of an instrument to measure the perceptions of adopting an information technology innovation [J]. Information Systems Research, 1991, 2(3): 192-222.

[173] Hsing Kenneth Cheng, Qian Candy Tang, J. Leon Zhao.Web Services and Service-Oriented Application Provisioning: An Analytical Study of Application Service Strategies [J]. IEEE Transactions on Engineering Management, 2006, 53(4): 520-533.

[174] Dimitrios Tsesmetzis, Ioanna Roussaki. Modeling and Simulation of QoS-aware Web Service Selection for Provider Profit Maximization [J]. Simulation, 2007, 83(1): 93-106.

[175] J.Q. Hu, J.Z. Li, G.P. Liao. A multi-QoS based local optimal model of service selection [J]. Chinese Journal of Computers, 2010 (3) : 526-534 .

[176] Chia-Feng Lin, Ruey-Kai Sheu, Yue-Shan Chang, Shyan-Ming Yuan. A relaxable service selection algorithm for QoS-based web service composition [J]. Information and Software Technology, 2011(53): 1370-1381.